Die bevorstehende Gerichtsorganisirung und die Patrimonialrichter in Preußen.

Der hohen Versammlung der Volksvertreter gewidmet

von

Dr. C. F. Koch.

Zweite, durch einen Nachtrag vermehrte Auflage,
worin die Möglichkeit sofortiger Aufhebung der Privatgerichtsbarkeit und des eximirten Gerichtsstandes, sowie der Einführung der Schwurgerichte, ohne Ausführung der Verordnung vom 2. Januar d J., auch in Beziehung auf Neu-Vorpommern, gezeigt wird.

Berlin, 1849.

Verlag der T. Trautwein'schen Buch- und Musikalienhandlung.

(J. Guttentag.)

(Sep. Cont.)

I.

Die Organisation der Gerichte.

Bei dem Neubau der innern Staatseinrichtungen auf Grund der Märzverheißungen und auf der den Forderungen der Zeit eingeräumten vernünftigen demokratischen Grundlage ist die Justizverbesserung und zu allernächst die Einrichtung des Gerichtswesens eine Hauptaufgabe für die Bauleute. Gleichnach den Märzbegebenheiten ging man rüstig an das Werk, der erste Justizminister der neuen Epoche zog mehrere als tüchtig und bewährt bekannt gewordene praktische Rechtsverständige, unter Beifall der Presse, zu Rathe, und ließ Vorschläge, Pläne, Gutachten und Entwürfe machen. Man ließ ihm nicht Zeit zur Vollendung. Der Sache that der Ministerwechsel keinen Eintrag, denn der Nachfolger wirkte in derselben Richtung und in demselben Geiste fort. Der Entwurf über die Verfassung und Zuständigkeit der Gerichte ging durch die Berathung der mitwirkenden Personen unter dem Vorsitze des Justizministers, der Organisationsplan der Gerichte war gemacht, die Vorlage bei der National-Versammlung stand bevor. Da tritt ein neuer Ministerwechsel ein; der neue Justizminister legt die bisherigen Arbeiten still bei Seite, die Beschäftigung der damit befaßt gewesenen Männer hört auf, der Justizminister Kisker macht neue Entwürfe nach seiner persönlichen Ansicht, meistens selbst, mit Hülfe anderer ihm entsprechenden Männer, und eilt möglichst mit der Vorlegung, um seine Ideen, an welchen er hartnäckig festzuhalten gewohnt ist, verwirklicht zu sehen. Diese Entwürfe und Pläne sind dem Publikum officiös bekannt gemacht worden, und sollen schon mit den 1. April d. J. zur Ausführung gebracht werden. Warum, fragt unter Andern die Köllner Zeitung in einem ihrer Decemberblätter, warum sind die frühern Entwürfe nicht auch dem Publikum kundgegeben worden, um das Land in den Stand zu setzen, beide Systeme zu vergleichen und sich über die Vorzüge des Einen oder des Andern auszusprechen? Die Frage lasse ich unbeantwortet, weil ich mich hier lediglich und nurmit der Sache selbst befassen will.

1. Beurtheilung des Kisker'schen Entwurfs.

Die beiden Systeme, das Bornemann-Märker'sche und das Kisker'sche, verhalten sich nach ihren Prinzipien zu einander wie Demokratie und Büreaukratie. Das Kisker'sche Projekt läßt wesentlich Alles beim Alten; es nimmt bloß einige Veränderungen in Aeußerlichkeiten vor, wo es in das Wesen eingreift, verschlimmert es den alten Zustand noch; es kündigt sich selbst als ein Provisorium, als eine neue Probe an, hat mithin alle Nachtheile des nun schon seit so vielen Jahren fortgesetzten Probirens mit den heiligsten Zuständen und Rechten der Staatsbürger, sowie die eines einstweiligen Zustandes, der das Land in Unruhe erhält, während sobald wie möglich ein endlicher Zustand dringend gewünscht wird; es verursacht daher weggeworfene Kosten in ungeheuern Summen, ohne doch dem Lande den geringsten Nutzen zu bringen, und veranlaßt durch seine spätere Kassation neue Störungen im Rechtsgange und besonders neue Aufregung in den Gemeinen, welche das einmal dorthin gelegte Gericht, des Erwerbes wegen, nicht missen wollen und in der That auch durch die infolge der Verlegung eintretende Entwerthung der Einrichtungen, welche die Ortsbewohner des Gerichts wegen getroffen haben, in Schaden gebracht werden. Zwar glaube ich, daß es mit dem provisorischen Character nicht so ernstlich gemeint ist, daß der einmal eingenommene Besitzstand nach der Absicht soviel möglich bleibend sein soll und nur in Einzelnheiten den dringendsten Forderungen nachzugeben in Aussicht genommen worden ist, so daß, ohne Aenderung der Prinzipien, die sonst in Uebung gewesene „Flickerei" fortzusetzen Gelegenheit ist. Aber ich sage: die beabsichtigte Einrichtung, tritt sie ins Leben, muß fallen, und sie wird bald fallen, weil es eine politische Unmöglichkeit ist, in der demokratisch-konstitutionellen Staatsverfassung eine absolutistisch-büreaukratische Justizeinrichtung zu haben. Darum ist es nicht gut, sie erst ins Leben treten zu lassen, darum fordert es das Volkswohl, gleich von Anfang diejenigen Justiz-Einrichtungen zu treffen, welche mit den Grundsätzen der Staatsverfassung in Einklang stehen, welche dem praktischen Bedürfnisse entsprechen, und welche darum voraussichtlich Wurzel schlagen können und lebensfähig sind. Wer den Geist der Zeit, wie er ist, auffaßt, wer das Prinzip der neuen Staatsverfassung und seine Folgen versteht, wer die Bedeutung der Selbstbestimmung und Selbstverwaltung kennt, wer den Geist der Freiheit und des Rechts in den Gerichtsverhandlungen zur Herrschaft kommen lassen will, und bei diesen

Erkenntnissen doch nicht rückwärts strebt, der muß das uns mit der Ausführung drohende Project auf den ersten Blick verurtheilen.

Diesen Ausspruch will ich jetzt begründen.

I. **So weit die Herrschaft der Staatsverfassung reicht, muß die Gerichtsverfassung, ein wesentlicher Theil derselben, auf gleichen Prinzipien beruhen, und in allen Landestheilen übereinstimmen, sonst ist ein Bruch in der innern Einheit des Staats.**

Diesen Grundsatz verletzt das fragliche Project; der Bezirk des Appellationsgerichtshofes zu Cöln wird davon nicht betroffen, es kann davon auch Neuvorpommern nicht betroffen werden, ohne zugleich eine andere Prozeßordnung dort provisorisch einzuführen.

Für die Beibehaltung dieser Zwiespaltigkeit wird in den Motiven kein Grund angegeben, denn was in Beziehung auf „die so wünschenswerthe Uebereinstimmung der Gerichtsverfassung im ganzen Staate" gesagt wird, betrifft nur das Wie der Einführung einer solchen Uebereinstimmung, nämlich die Frage: ob „die rheinische Justizverfassung in die östlichen Provinzen des Staats zu verpflanzen sei?" Diese Frage ist untergeordneter Art. Also das Warum der fortdauernden Spaltung ist nicht beantwortet. Der Verfasser des neuen Plans konnte auch, nach seinem Standpunkte, sich der Beantwortung überheben, denn nach ihm ist die Uebereinstimmung der Gerichtsverfassung im ganzen Staate nur „so wünschenswerth". Nach unserm Standpunkte ist sie etwas mehr, sie ist eine **Nothwendigkeit**. Im Polizeistaate freilich ist sie etwas unnöthiges, denn sie steht mit dem dort herrschenden Prinzip durchaus nicht in Verbindung, sie ist also höchstens etwas Bequemes für den Büreaukraten insofern, als seine Befehle oder Anordnungen immer für alle übereinstimmend organisirte Gerichte zugleich passen. Die alte Grundlage bleibt bei dem neuen Projeckt unverändert, und darin liegt die Antwort auf jenes Warum: nimmermehr würde die Rheinprovinz sich eine übereinstimmende Gerichtsverfassung haben aufdringen lassen, deren Grundlage das Prinzip des Polizeistaats ist, und welche nur den Nutzen hat, daß sie der Büreaukratie das Geschäft erleichtert. Die Rheinprovinz mußte daher, wenn man Aussicht auf Erfolg haben wollte, ganz und gar außer Interesse bei der Sache gelassen werden.

II. **Die Staatsbürger sollen die Freiheit der Selbstbestimmung und Selbstverwaltung haben.** Diesen Verfassungs-Grundsatz verletzt die neue Gerichtsverfassung, denn sie setzt das alte

System der Bevormundung der Staatsbürger, sowie der Geschäftsbesorgung für sie durch büreaukratische Beamtete aus eigener Machtvollkommenheit, ohne Rücksicht auf den Willen des Geschäftsherrn, fort. Daß zu diesen Beamten die Richter beibehalten werden, ist Verletzung noch eines andern Grundsatzes, wovon nachher unter III; hier ist nur von der Bevormundung und Führung fremder Geschäfte durch Beamtete mit büreaukratischer Autoriiät überhaupt Rede.

Zur Rechtfertigung der Verletzung dieses Grundsatzes hat der Verfasser des Plans folgende Motive: Die so wünschenswerthe Abtrennung der in den östlichen Provinzen den Gerichtsbehörden noch obliegenden Verwaltung der Nachlaß-, Vormundschafts- und Hypotheken-Sachen würde durch Realisirung des frühern Planes, „die rheinische Justiz-Verfassung in die östlichen Provinzen des Staats zu verpflanzen," möglich gemacht werden. Allein dann würde das Institut der Einzelnrichter, die rheinische Prozeßordnung, das rheinische Vormundschafts- und das dortige Hypothekenwesen angenommen werden müssen. Das nach rheinischer Verfassung sehr ausgedehnte Institut der Einzelnrichter sei aber in den östlichen Provinzen keineswegs beliebt; die zeitherige Patrimonial-Gerichtsverfassung habe seine großen Mängel hervortreten lassen, und gerade diese Mängel seien es, welche die so allgemeine Forderung der Aufhebung der Patrimonial-Gerichtsbarkeit mit ihren Einzelnrichtern hervorgerufen hätten. Ein Bedürfniß, das durch die Verordnungen vom 1. Juni 1833 und 21. Juli 1846 geregelte Civil-Prozeß-Verfahren mit einem andern, und namentlich mit dem rheinischen zu vertauschen, habe sich nicht ergeben. Man sei mit jenem überall zufrieden; es sei einfach, und führe zu einer raschen und gründlichen Entscheidung der Rechtsstreitigkeiten. Ein bewährter praktischer Jurist sage in seiner Beurtheilung der Verordnung vom 21. Juli 1846 (Sommer's Archiv XII, S. 470), daß Preußen jetzt die beste Prozeßordnung in Deutschland besitze. Die altländische Hypothekenverfassung sei der rheinischen, wie allgemein anerkannt werde, vorzuziehen; denn die wesentlichen Requisite einer guten Hypotheken-Verfassung würden bei der letztern vermißt, weil die Grundsätze der Publicität und Specialität nicht vollständig zur Durchführung gekommen seien. Das der altländischen Hypothekenordnung eigenthümliche Legalitäts-Princip, durch welches der Hypothekenverkehr allerdings erschwert werde, lasse sich modificiren, ohne die übrigen Vorzüge aufzugeben; auf Verminderung der Kosten werde in diesem Wege und durch eine Revision der Sportelsätze hingewirkt werden. In dem Vormundschaftswesen sei die freiere Bewegung der

Vormünder, welche die rheinischen Einrichtungen gestatten, allerdings als ein Vorzug anzuerkennen, andererseits hätten sich aber auch wider das Institut des Familienraths Einwendungen erhoben, welche auf mannigfache Umgestaltungen desselben drängten. Gehe hieraus hervor, daß eine übereinstimmende gute Gerichtsverfassung nur erzielt werden könne, wenn die Vorzüge der altländischen Verfassung beibehalten und bloß ihre mangelhaften Institute mit den für besser erkannten Rheinischen vertauscht würden, so sei damit die Nothwendigkeit anerkannt, daß auf beiden Seiten Veränderungen eintreten müßten. Eine solche Verschmelzung lasse sich nicht zur Ausführung bringen, so lange nicht eine Revision der bestehenden Gesetzgebungen stattgefunden habe. Hierauf zu warten sei nicht der Wunsch der Nation. Auch werde in den östlichen Provinzen nach einer Ueberweisung der Gegenstände der sogenannten Verwaltungs-Justiz an andere Behörden wenig Verlangen getragen.

Hierin findet sich viel Unrichtiges, Unpassendes und Unwesentliches gehäuft; durchgängig aber gänzliches Verfehlen des Punktums; der Verfasser fühlt gar nicht den Schwerpunkt, vielweniger ist er ihm im Bewußtsein; denn den andern möglichen Erklärungsgrund, einen Willensfehler nämlich, dürfen wir durchaus nicht voraussetzen. Folgen wir ihm.

Vorweg ist nicht zu übersehen, daß der Verfasser keine Möglichkeit der Abtrennung dieser privatrechtlichen Verwaltungsgeschäfte von der Staatsverwaltung — denn so lautet uns der Satz — kennt; er spricht nur von der Abtrennung dieser Geschäfte von der Justizverwaltung, weil es ihm „so wünschenswerth" ist. Daß also die Staatsbehörden als solche diese Privatangelegenheiten in der Hand behalten müssen, das ist ihm eine ausgemachte, unbestreitbare Sache. Hierin liegt eben die absolutistische Büreaukratie, welche den Entwurf dictirt hat, und mit welcher der Verfasser so völlig Eins ist, daß er es gar nicht zu merken scheint: er weiß nicht oder thut so als wüßte er es nicht, daß es noch anders sein könnte. In der Vorrede zu meinem Entwurfe einer Civil-Prozeßordnung habe ich es schon ausgesprochen, daß man weder Gerichtsbehörden noch andere Staatsbehörden zur Verwaltung oder Besorgung der Privatangelegenheiten verlange, daß man die Geschäftsbesorgung und vormundschaftliche Fürsorge der Staats-Regierung nicht mehr haben wolle, sondern daß man sich seine Angelegenheiten entweder selbst oder durch frei gewählte Vertrauensmänner besorgen und Selbstherr seiner Privatangelegenheiten sein wolle; man verlange von dem Staate nur die dazu dienlichen Institute, nicht aber

Behörden mit einer Berechtigung zur Einmischung und Geschäftsführung nach ihrer Amtsmeinung. Unter besonderer Bezugnahme hierauf, sagt ein Zeitungsschreiber in der Vossischen Zeitung vom 11. Februar 1849: „Ja einige Juristen gehen so weit, daß sie diese Vermögens-Angelegenheiten zwar irgend einem besondern Institute zuweisen wollen, das aber ja keine Behörde sein dürfe. Aehnliche Institute (z. B. ein Geschäfts-Comtoir von Saul, ein Adreß-Büreau von Goldstein) haben wir zwar mehrmals entstehen, aber immer nach starken, doch ganz ungeprüften Umschlägen bald verschwinden sehen." Der Sonderbarkeit wegen mag dieses Stück Schutzrede hier mitgetheilt sein, sonst ist der Schutzredner so unschuldig, daß es Sünde wäre, auf ihn zu hören oder zu sehen. — Also das konstitutionelle Princip der persönlichen Freiheit zur Selbstbestimmung und Handlung in eigenen Angelegenheiten wird durch die bevorstehende, neue Gerichtsorganisation verletzt, indem sie die Verwaltung der privatrechtlichen Angelegenheiten der Staatsangehörigen, nach den Prinzipien des Absolutismus, in den Händen der Staatsgewalt und deren Behörden lassen will, anstatt Einrichtungen und Anstalten zu treffen, welche es möglich machen, daß ein Jeder seine Angelegenheiten nach freier Selbstbestimmung besorgen kann.

Um in dieser Beziehung sofort völlige Uebereinstimmung der Gerichtsverfassung im ganzen Staate herbeizuführen, würde — so sagt man uns in den Motiven — die rheinische Prozeß-Ordnung, das rheinische Vormundschafts- und das dortige Hypothekenwesen (und wohl auch die Notariats-Ordnung, denn für die Beibehaltung der Urkunden-Verfertigung durch die Gerichte ist das Motiv vergessen) angenommen werden. Dieser Grund ist nur ein Vorwand, wir haben weder das Eine noch das Andere nöthig.

1) Die altländische Hypotheken-Verfassung — so wird uns gesagt — ist der rheinischen, wie allgemein anerkannt wird, vorzuziehen. — Aber die allgemeine Anerkennung ist gar nicht vorhanden, die Behauptung ist ganz vage; wenn es auf Stimmzählung unter den Urtheilsfähigen ankäme, so möchte es sich doch sehr fragen, auf welcher Seite Mehrheit sein würde. Weiter sagt man uns: die wesentlichen Requisite einer guten Hypotheken-Verfassung werden bei der letzteren (der rheinischen) vermißt, weil die Grundsätze der Publicität und Specialität nicht vollständig zur Durchführung gekommen sind. Dieser Grund ist durchaus unrichtig, er kann nur auf praktischer Unkenntniß beruhen. Ist einem von beiden Systemen der Mangel der Durchführung des Publicitätsprinzips vorzuwerfen, so ist

es gerade das altländische; die Hypothekenbücher sind jedem Dritten so gut wie verschlossen, wenn der Besitzer nicht in die Offenlegung willigt oder der Hypothekenbuchführer das vermeintliche Interesse des Dritten an der Einsicht des Hypothekenbuches nicht zu erkennen vermag; diese Publicität ist gar keine. Was dem rheinischen Systeme an der Durchführung des Princips der Specialität noch fehlen mag, bleibt zu errathen. „Das der altländischen Hypotheken-Ordnung eigenthümliche (ist auch nicht richtig, es giebt noch andere Hypothekenanstalten, welche das Legalitätsprinzip kennen) Legalitätsprinzip, durch welches der Hypothekenverkehr allerdings erschwert wird, (also doch!) läßt sich modificiren (wie denn, ohne das Princip selbst Preis zu geben?), ohne die übrigen Vorzüge aufzugeben.“ Aber Alles für und wider aufgewogen, bleiben gar keine Vorzüge übrig, wohl aber der ungeheure Nachtheil für den Verkehr, daß Einzelnen der Credit oft lange ganz entzogen wird, und sie dadurch ruinirt werden, sowie daß kostspielige Prozesse und Beschädigungen, sowohl durch die Bedenken der s. g. Hypothekenrichter *), als auf der andern Seite da-

*) Die unnatürlichsten Dinge kommen hierdurch zur Welt; täglich muß das davon betroffene Publikum darunter leiden. Ein neuer Fall dieser Art ist folgender. Eine Frau deponirt bei einem reichen Privatmanne in Berlin eine bedeutende Summe Geldes. Der Depositarius will der Frau auf alle Fälle Sicherheit geben. Er schreibt auf eines seiner Hypotheken-Dokumente über eine entsprechende Summe einen Verpfändungsvermerk und will dasselbe der Frau, als sie einmal wieder kommt, einhändigen. Die Frau lehnt die Annahme ab; der Depositar legt sein Dokument wieder bei Seite. Die Frau stirbt, ihr Erbe wandert nach Amerika aus. Der gewesene Depositarius cedirt jenes Instrument; der Cessionar nimmt an den Privatvermerk keinen Anstoß, denn er weiß oder glaubt zu wissen, daß zur wirksamen Verpfändung die Acceptation und der Besitz des Dokuments erforderlich ist. Er reicht das Dokument bei dem Kammergerichte zur Eintragung der Cession ein. Diese Eintragung wird abgeschlagen wegen des Privatvermerks; das Gericht verlangt den Consens der gewesenen Deponentin oder ihres Erben, der nicht herbeizuschaffen war. Jetzt klagt der Cessionar gegen seinen Cedenten auf Herbeischaffung des Consenses oder Gewährung der Verfügbarkeit des cedirten Kapitals; er wird rechtskräftig abgewiesen, weil jener Vermerk seinen Rechten nicht hinderlich sei. Nun meint er, das Gericht, ebendasselbe, welches also geurtheilt hat, werde keinen weitern Anstand nehmen, einzutragen; er reicht dazu das Dokument wieder ein. Die Eintragung wird abermals, und auf wiederholte Vorstellungen wiederum abgeschlagen, weil die Entscheidung jenes Prozesses nicht maßgebend für den Hypothekenrichter sei. Der Cessionar wendet sich zuletzt an den Justizminister. Doch dieser erwiedert, daß er keine Veranlassung finde, die Eintragung anzubefehlen. Damit waren alle Stadien durchlaufen, der Rechtsweg gegen den Hypothekenrichter auf Eintragung ist nicht offen, das Kapital ist in Folge des Legalitätsprinzips und der dadurch gegebenen

durch, daß die Interessenten bei der Fassung der Einträge nicht mitwirken, und für die deutliche und vollständige Eintragung nicht sorgen können *), veranlaßt werden.

Einer weitern Darlegung der Nachtheile und obenein der völligen Nutzlosigkeit dieses Princips, kann ich mich überheben, denn die uns vorgelegten Motive – und das ist das Bemerkenswertheste — treffen ganz und gar nicht die Frage. Mag das Princip der Publicität, Specialität und Legalität gut oder schlecht oder gar nicht durchgeführt sein; so wird doch kein Mensch begreifen, warum deshalb der Hypothekenbuchführer eine Staatsbehörde oder gar ein Gerichtshof sein muß. Dafür ist uns also der Verfasser des Gesetz-Entwurfs und der Motive seine Gründe schuldig geblieben. Sie müssen sehr tief liegen, ohne besondere Hinweisung läßt sich nicht darauf kommen. Man erinnert sich unwillkührlich, daß z. B. die von einem Notarius aufgenommene Urkunde nicht weniger öffentlichen Glauben hat als die von einer Staatsbehörde verfaßte, und man frägt sich: warum das Gleiche nicht bei der Hypothekenbuchführung sollte gelten können, wie es ja am Rhein und anderswo wirklich gilt. Das also war es was zu beantworten stand.

2) Die Verwaltung der Mündelgüter und die Erziehung der Mündel (das Vormundschaftswesen) soll als eine Regierungssache in den Händen der Staatsbehörde bleiben, weil „in dem Vormund-

---

Berechtigung der Staatsbehörde, sich in Privatangelegenheiten einzumengen, extra commercium gesetzt, die Sache findet keinen geordneten Ausgang.

*) Jemand bestellte dem Gläubiger eines Dritten, laut Instruments vom 8. Juli 1801, Kaution für die „rückständigen Zinsen eines Kapitals von 16666 Thlr. 20 Sgr. seit Johannis 1798 bis zur Abführung des Kapitals selbst." Der Hypothekenrichter faßte die Eintragungsformel so: „Eine Kaution, welche der ꝛc. wegen der seit Johannis 1798 rückständigen Zinsen eines Kapitals von 16666 Thlr. 20. Sgr. durch das — Instrument vom 8. Juli 1801 bestellt hat." — Als nach einigen und dreißig Jahren das Grundstück subhastirt wurde, verlangte der Gläubiger die Zinsen bis zu dieser Zeit (1836). Die später eingetragenen Gläubiger, welche großen Theils ausfallen mußten, wenn die Forderung zulässig war, widersprachen, weil nach dem Eintragungsvermerke nur den Zinsen von Johannis 1798 bis 8. Juli 1801 Sicherheit bestellt worden, da man unter „rückständigen" Zinsen nur solche zu verstehen habe, welche an einem bestimmten Tage, hier also am 8. Juli 1801, bereits fällig geworden, nicht aber künftig erst fällig werden würden. Nach dem Kautions-Instrumente hingegen war die Absicht, daß auch für die künftigen Zinsen bis zur Zahlung des Kapitals selbst, Sicherheit bestellt werden sollte, klar. In Folge der mangelhaften Eintragung entstand dann ein langjähriger Prozeß. Aehnliche Beispiele könnten in großer Menge nachgewiesen werden.

schaftswesen die freiere Bewegung der Vormünder, welche die rheinischen Einrichtungen gestatten, allerdings als ein Vorzug anzuerkennen ist, andererseits sich aber auch wider das Institut des Familienraths Einwendungen erhoben haben, welche auf mannigfache Umgestaltungen desselben dringen."

Die Vormundschaft, von jeher ein Familienrecht, soll also eine Staatssache bleiben, weil „sich wider das französische Institut des Familienraths Einwendungen erhoben haben, welche auf mannigfache Umgestaltungen desselben dringen." Solche Motive haben auf Würdigung nicht Anspruch, sie berühren gar nicht die Sache, der Verf. hat keine Einsicht in die hierher gehörigen Rechtszustände und damit zusammenhängenden Institutionen. Den Familienrath, wie er am Rhein ist, können wir nicht gebrauchen, er beruhet auf staatsrechtlichen Zuständen, welche, Gott sei Dank, bei uns beseitigt sind oder doch eben beseitigt werden sollen: das ist der Mangel an Selbstständigkeit der Gemeinden und an einer entsprechenden Gemeindeverfassung. Die Vormundschaft ist, gleich der väterlichen Gewalt, wesentlich ein Familienrecht. Der Träger der väterlichen wie der vormundschaftlichen Gewalt steht, nach deutschen Rechtsansichten, unter der Aufsicht der Familie. Die alten Familienverbindungen haben den Gemeinden Platz gemacht und damit ist die Oberaufsicht, die in weiter nichts, als in der Bestellung und Einführung der Vormünder, in der Sorge für Sicherheitsbestellung, in der Rechnungsabnahme, in der Entfernung ungetreuer Vormünder, in der Schlichtung von Conflicten zwischen Vormund und Mündel besteht, an die Gemeinde gekommen *). Mit dem Untergange der Selbstständigkeit der Gemeinden nahm die absolute Staatsregierung auch die s. g. Obervormundschaft, d. h. eben die Aufsicht über den Vormund wie über den Vater, in die Hand **). Aus dieser wesentlich blos aufsehenden Gewalt hat die landrechtliche Gesetzgebung ein Vormundschaftsrecht, eine Vormundschaftsführung und Verwaltung gemacht und bisher durch die Staatsbehörden, wie jede andere Staats-Verwaltungsangelegenheit, ausüben lassen. Deshalb ist der s. g. Vormund eine an sich unwesentliche Person, der eigentliche Vertreter der juristischen Persönlichkeit des Mündels ist das Organ der Staatsregierung; der nominelle Vormund steht zum s. g. Vormundschafts-

*) Man vergl. Reichs Pol.-Ordn. von 1548, Tit. 31. §§. 1, 3; und von 1577, Tit. 32. §§. 1, 3.

**) Vormundschafts-Ordn. vom 23. September 1718, Eingang und §. 63.

richter in dem Verhältnisse eines Bevollmächtigten zum Machtgeber: wo der Machtgeber selbst spricht, hat der Bevollmächtigte nichts zu sagen *). Dabei findet sich aber die Inconsequenz, daß dem Mündel das ihm zur Sicherheit beigelegte Vorrecht in dem Vermögen des Vormundes in Beziehung auf den wahren Vormund durchaus nicht, sondern nur in Beziehung auf dessen Organ, den nominellen Vormund, zusteht; wo also Jener selbst handelt oder Diesen zu handeln veranlaßt, da hat der Mündel nur von Jenem Rechenschaft zu fordern, doch für diese Forderung gar keine Sicherheit **). — In Frankreich ist die Staatsgewalt nicht so weit gegangen, sie hat der Familie das Vormundschaftsrecht gelassen. Doch das Aufsichtsrecht mußte ihr zufallen, aus derselben Ursache, welche bei uns dafür gewirkt hat: aus Mangel der Selbstständigkeit der Gemeinden, welche selbst in einer sehr ausgedehnten Vormundschaft des Staats standen. Dieses Aufsichtsrecht wird dort durch das Institut der Staatsanwaltschaft, in einigen wenigen Fällen unter Mitwirkung der Gerichte, ausgeübt. In Frankreich fehlt mithin die zunächst zur Aufsicht über den Vormund berufene Körperschaft, nämlich die selbstständige, sich selbst bestimmende Gemeinde. Der s. g. Familienrath ist ein künstliches und sehr unvollkommenes Ersatzmittel der natürlichen Aufsichtsgewalt und eben wegen dieser Unvollkommenheit des Ersatzmittels tritt die Staatsgewalt ergänzend hinzu. Hieraus erhellet, daß der rheinische Familienrath und die Aussicht auf dessen Umgestaltung für uns gleichgültige Dinge sind, daß man uns nicht auf jene Umgestaltungen vertrösten kann, um die Familie und die Gemeinde in ihr Recht und in ihre Pflicht wieder einzusetzen. Es ist klar und greifbar, daß hier nicht die Rede von „freierer Bewegung der Vormünder" und von der Erfindung einer Modifikation des landrechtlichen Princips, welche „die freiere Bewegung der Vormünder" ermöglicht, sein kann: diese Dinge berühren nicht den Punkt. Vielmehr handelt es sich um Verwirklichung, um Bewahrheitung und Bethätigung des Prinzips der Selbstbestimmung und selbstständigen Verwaltung, und

---

*) A. L. R. II, 18, §§. 235, 299. — Man lese besonders den Erlaß des Justizministers vom 4. Januar 1842 (J. M. Bl. von 1842, S. 23).

**) Wie schädlich die Vormundschaftsverwaltung durch die Staatsbehörden den Pflegebefohlenen wird, davon giebt in der allerneuesten Zeit der Prozeß der Geschwister Francois wider das Pupillen-Kollegium Naumburg wieder Zeugniß. Die Geschwister Francois sind durch die staatsobrigkeitliche Vormundschaftsführung doch glücklich um ihr Vermögen von mehr als 12 oder 16 Tausend Thaler gekommen. Eine Menge anderer Beispiele sind bekannt.

weil der neue Entwurf des Gesetzes über die Gerichts-Organisation die landrechtliche Staatsbevormundung und Verwaltung beibehalten will, so verstößt er gegen die Verfassung und verletzt ein gewährleistetes Verfassungsrecht. Darum ist er unmöglich. Das Vormundschaftswesen muß aus einer innern Nothwendigkeit den Staatsbehörden abgenommen, den Familien zurückgegeben und mit den Gemeinden in Verbindung gebracht werden.

Der oben gedachte Schutzredner findet es vortrefflich, daß „die Verwaltung des Vermögens der Gerichts-Eingesessenen, so weit dies zur amtlichen Sphäre gehört, einer besonderen Abtheilung des Kreisgerichts zugewiesen ist, die, wie man vernimmt, von besonders dazu beauftragten (von wem? von den Gerichts-Eingesessenen, welche sich Verwalter halten wollen? oder von dem Staate, der das Privatvermögen in seine Verwaltung zu nehmen gedenkt?) Richtern besetzt werden soll, wo das Personal irgend dazu hinreicht. Es ist notorisch geworden — dies ist also der Grund — daß eine außerordentliche Anzahl Petitionen von Gerichts-Eingesessenen die richterliche Prüfung und rechtliche Gewähr der Zuverlässigkeit bei den Geschäften dieser administrativen Justiz ausdrücklich beibehalten zu sehen **verlangt.**“ Dieses Durcheinander und die angeblichen Petitionen wer weiß von Wem sollen also die Rechtfertigung einer verfassungswidrigen Einrichtung sein! Außerordentlich viele Andere bedanken sich vor der vormundschaftlichen Verwaltung ihres Vermögens durch Staatsbehörden, und deren Verlangen hat die nämliche Berechtigung. So stände denn in dieser Hinsicht die Wage gleich und es hätte dann nur das Sach- und Rechtgemäße den Ausschlag zu geben.

Die Motive sprechen auch von der Verwaltung der Nachlaßsachen. Was damit gemeint sei, ist dunkel, bisher war die staatsbehördliche Verwaltung auf die Verlassenschaften noch nicht ausgedehnt.

3) Dagegen übergehen die Motive die Abfassung von öffentlich glaubwürdigen Urkunden (die s. g. Notariatsgeschäfte), deren Beibehaltung doch gleichfalls in der neuen Justizeinrichtung liegt. Die Besorgung dieser Geschäfte Seitens des Staates durch seine Behörden ist so wenig gerechtfertigt, als ein Grund dafür sein würde, andere technische Verrichtungen mit öffentlichem Glauben, z. E. die Geschäfte der Mäkler, Messer und Stauer, den Staatsbehörden beizulegen. Dergleichen in die Gewerbe einschlagende Geschäfte müssen dem Staate als solchem und seinen Behörden völlig fremd bleiben, es ist damit ganz so wie mit Monopolen; der Staat als solcher

muß nicht in die Klasse der Gewerbetreibenden treten und mit seinen eigenen Bürgern konkurriren. „Ohne Zweifel gehört die Verwaltung dieser Geschäfte zur Gerichtsbarkeit im Allgemeinen," sagt uns der Verfasser des Entwurfs in den Motiven in Beziehung auf die Geschäfte der s. g. freiwilligen Gerichtsbarkeit, und giebt dadurch zu erkennen, warum die Notariatsgeschäfte den Staatsbehörden verbleiben sollen. Ohne Zweifel aber ist er dabei im Irrthum: die Verfassung und Beglaubigung von Urkunden hat sonst niemals irgendwo zur Gerichtsbarkeit im Allgemeinen gehört, dieses Geschäft ist sonst immer als ein freies Gewerbe von solchen Personen, welche sich die dazu erforderlichen Fähigkeiten angeeignet hatten, unter Aufsicht des Staates betrieben worden. Es herrscht in dieser Hinsicht eine weitverbreitete Begriffsverwirrung, welche dazu benutzt wird, unter der s. g. freiwilligen Gerichtsbarkeit sich gar nicht dazu gehörige Geschäfte anzumaßen. Man muß es oft und laut wiederholen, daß die Urkunden-Verfassung nicht zur Gerichtsbarkeit gehört. Diejenigen Acte, welche nach altdeutschem Rechte vor Gericht vollzogen werden mußten, wie z. B. die Auflassung des Eigenthums, hatten einen ganz andern Character als die Beurkundung von Rechtsgeschäften, sie können also nicht, wie man wohl hört, als Beweis gebraucht werden, daß die Staatsbehörden die öffentlich glaubwürdigen Urkunden zu verfertigen berufen seien, weil ihnen die freiwillige Gerichtsbarkeit von Alters her zustehe. Die Motive erzählen uns in demselben Sinne: „von vielen Seiten wird es überdies als ein Vorzug der deutschen Gerichtsverfassung angesehen, daß die Gerichtsbehörden auch die freiwillige Gerichtsbarkeit ausüben." Allein Das ist gar nicht in Frage, die freiwillige Gerichtsbarkeit soll den Gerichten nicht bestritten werden; für unrichtig erklärt wird nur die Behauptung: daß das Geschäft der Verfertigung öffentlich glaubwürdiger Urkunden zur freiwilligen Gerichtsbarkeit gehöre. Ganz im Gegentheil, dasselbe ist als ein Privatgewerbe aus Italien nach Deutschland verpflanzt, anfangs als ein solches ohne Beaufsichtigung, später aber von dazu autorisirten Personen betrieben worden. Bekanntlich ertheilten im ehemaligen deutschen Reiche die Pfalzgrafen solche Befugniß, und die Gewinnsucht machte, daß dabei auf die Befähigung nicht gesehen wurde. Das veranlaßte die Landesherren zu Bestimmungen zum Schutz gegen unfähige Notare, indem man sie in einigen Ländern nicht zuließ, in Andern wieder deren Zulassung von einer Prüfung abhängig machte. Die einheimischen Verordnungen haben beide Wege betreten: Einige, z. B. die Magdeburg'sche Polizei-Ordnung von 1686,

Kap. 17, §. 1, und die Erklärung derselben vom 16. Mai 1696, ad cap. 17, schrieben Prüfung und Immatrikulation vor, Andere, namentlich die Kammergerichtsordnung vom Jahre 1709, Tit. 17, §. 3, verordnete, daß Diejenigen, welche in Zukunft das Notariat verlangten, dasselbe nur von hier aus, nach vorheriger Prüfung ihrer Tüchtigkeit sollten erlangen können. Von einer Konkurrenz der Gerichte bei den Notariatsgeschäften wußte man damals noch nichts, diese datirt erst seit der allgemeinen Gesetzgebung des vorigen Jahrhunderts. Zur s. g. freiwilligen Gerichtsbarkeit gehören lediglich diejenigen Handlungen, zu deren Wirksamkeit oder Rechtsgültigkeit die Mitwirkung oder Zustimmung einer obrigkeitlichen Person, nach den Gesetzen, erforderlich ist. Wo es sich bloß um Beurkundung und Beglaubigung handelt, ist von Gerichtsbarkeit keine Rede.

III. Die Richter sollen in ihrer Amtsthätigkeit nicht von den Verwaltungsbehörden abhängig sein. Diesen Grundsatz verletzt der fragliche Entwurf besonders dadurch, daß zu jenen Verwaltungssachen, welche, im Widerspruch mit staatsrechtlichen Grundsätzen, den Staatsbehörden nach wie vor verbleiben sollen, die Richter benutzt werden. Denn die Richter sind in dieser ihrer Eigenschaft als Verwaltungsbeamte in die Botmäßigkeit der obern Verwaltungsbehörden gegeben; ihre richterliche Unabhängigkeit wird dadurch illusorisch, der Mißliebige wird aus Anlaß jener Sachen ressortmäßig gemaßregelt und eingeschüchtert; dieser Haupttheil seiner amtlichen Beschäftigung entzieht ihn seinem Hauptberufe und macht die Justizpflege zur Nebensache für ihn; diese Zwitterstellung macht es möglich, auf ihn durch Begünstigungen oder Zurücksetzungen mehr als sonst thunlich sein würde willkührlich einzuwirken. Hören wir, was uns zur Rechtfertigung der Verletzung des in Rede stehenden Grundsatzes gesagt wird: „Auch wird in den östlichen Provinzen nach einer Ueberweisung der Gegenstände der sogenannten Verwaltungs-Justiz an andere Behörden wenig Verlangen getragen. Nur die Mehrzahl der Richter spricht sich wohl dafür aus, weil sie vorziehen, sich ausschließlich dem ihren Neigungen in der Regel mehr zusagenden rein richterlichen Berufe, welcher zugleich fast niemals mit Vertretungen in vermögensrechtlicher Beziehung verbunden ist, zu widmen. Das Publikum ist größtentheils anderer Meinung; es legt fast überall Gewicht auf die fernere Verwaltung jener Gegenstände durch die Gerichtsbehörden, welche sich durch die Gesetzmäßigkeit und Zuverlässigkeit ihres Verfahrens sein Vertrauen erworben haben.“ Diese Erzählung bietet man uns als sachliche Gründe für jene rechtsgrundsätzliche Verletzungen! Die ganze Geschichte ist ein Mährchen, aber kein unschuldiges. Nicht das Publikum (wer ist das Publikum?), sondern die Mehrzahl der Richter sprechen sich wohl dafür aus, warum? nicht weil sie es für nothwendig erkennen, sondern um ihren persönlichen Neigungen zu fröhnen, sich es bequem zu machen, sich der Verantwortlichkeit zu entziehen! Es ist eine bekannte Maxime der Büreaukratie, auf die ihrer Staatsmaschiene vorgeschirrten Triebkräfte tüchtig und handgreiflich einzuwirken, um sich bei den Passagieren einzuheben und nothwendig zu machen. Es kommt daher auf eine Verdächtigung der Richter durchaus nicht an. Wer wird auf den Faulen hören, wenn er über zu schwere Arbeit klagt? Doch diese Verdächtigung ist eine unerhebliche Nebensache. Mag es wahr oder nicht wahr sein, daß nur Richter sich für die Freimachung der Justizverweser von den fremdartigen und berufswidrigen Beschäftigungen ausgesprochen haben, mögen sie aus Eigennutz oder aus wahrer Ueberzeugung gesprochen haben, das ist völlig gleichgültig, wenn sie nur eine Wahrheit gesagt haben; daß sie aber eine Wahrheit gesagt haben, ist jedem Urtheilsfähigen greifbar. Die Befreiung der Richter von diesen Dingen ist eine unabweisbare Nothwendigkeit.

Weiterhin erfahren wir noch Folgendes: „Eine völlige Trennung der Gegenstände der sogenannten Verwaltungs-Justiz von der streitigen Gerichtsbarkeit in Civil- und Kriminal-Sachen läßt sich nach der bestehenden Gesetzgebung und wenn man nicht mit bedeutendem Kosten-Aufwande neue Behörden schaffen will, nicht ausführen.“ Das gerade Gegentheil ist zu behaupten, die völlige Trennung läßt sich sehr gut ausführen und zwar mit bedeutender Kosten-Ersparung; das Schaffen neuer Behörden ist nicht nothwendig, wenn also den Gerichten der quantitative Hauptheil der Schreiberei abgenommen wird, so tritt eben dadurch eine große Ersparniß bei den Richterkollegien selbst ein.

„Das Nachlaß-, Vormundschafts- und Hypothekenwesen in seiner jetzigen Beschaffenheit, sagt man, kann nur in die Hände von Personen gelegt werden, welche die Befähigung zum Richteramte besitzen, denn es erfordert genaue Rechtskenntniß und praktische Ausbildung.“

Was die Nachlaßsachen betrifft, so ist es unklar, was unter deren „Verwaltung“ gemeint wird. Denkt man sich darunter die Erbtheilungen, so kann von Verwaltung nicht Rede sein, die gerichtliche Erbtheilung ist ein prozessualisches Verfahren.

Das Vormundschaftswesen, auch in seiner gegenwärtigen Verfassung, bietet gar kein Hinderniß, die Richterkollegien aus dem Spiele zu lassen, sobald man nur den nach der veränderten Staatsverfassung unzulässigen Grundsatz, daß der Staat die Vormundschaft führen und das Privatvermögen der Pflegebefohlenen zu verwalten habe, aufgiebt. Ein kurzes Gesetz, welches in einigen Tagen entworfen ist und mit der Gemeindeordnung gleichzeitig in Kraft treten mag, ist Alles was das Bedürfniß erfordert, bis eine neue Vormundschaftsordnung folgen kann.

Daß das Hypothekenwesen ohne ein Richterpersonale verwaltet, und besser als jetzt geschieht verwaltet werden kann, zeigt der Entwurf einer neuen Hypothekenordnung, welcher „zu dem Uebrigen" gelegt worden ist, weil er zu dem Systeme, um dessen Aufrechterhaltung es sich handelt, nicht paßt. Es soll hier nicht behauptet werden, daß die projectirte neue Hypothekenordnung das Problem der Hypothekenbuchführung über die Unzahl kleiner Grundstücke löse; das geschieht aber noch viel weniger nach der alten Hypothekenordnung durch die Gerichte. Es giebt nur zwei Wege, mit den kleinen Grundstücken ins Reine zu kommen: man muß entweder das Hypotheken-Institut in Beziehung auf sie ganz aufgeben und sie wie bewegliche Sachen veräußern und verpfänden, oder eine Art von Personalfolium nach dem Besitzer über sie führen. Doch ist auch diese Buchführung, wenn Jemand eine große Anzahl von dergleichen Grundstücken besitzt und einen lebhaften Verkehr damit treibt, sehr mangelhaft. Deswegen ist der erste Weg vorzuziehen.

Das Notariat, welches hier wieder übergangen ist, erfordert ganz und gar keine neue Anstalt zu seiner Trennung von den Gerichten, nicht einmal eine neue Notariats-Ordnung, so wünschenswerth eine solche aus andern Gründen auch sein möchte. Es genügt die einfache Vorschrift, daß die Gerichte sich mit Aufnahme und Ausfertigung von Urkunden über Rechtsgeschäfte, welche an sich die gerichtliche Verlautbarung zur Rechtsbeständigkeit nicht nöthig haben, nicht mehr befassen sollen.

IV. **Der Richter soll im Stande sein, den ihm zur Entscheidung vorgelegten Rechtsfall unbefangen zu beurtheilen.** Diesen Grundsatz verletzt der projektirte Plan, denn man will den Richter verpflichten, nach wie vor das Amt des Officials, der von Amtswegen das Interesse des Gemeinwesens wahrnehmen soll, zu versehen; man nöthigt ihn, der Advokat beider Parteien zugleich zu sein und ihnen auf Verlangen ihre Prozeßschriften zu machen; man zwingt ihn, über die Rechtsgültigkeit von Handlungen und Rechtsgeschäften, die mit seinem Rathe und unter seiner Mitwirkung vor ihm als einem der Staatsnotare, welche im Kommissionsbüreau der Staatsbehörden ihre Notariats-Dienste feil halten müssen, vollzogen beziehlich errichtet worden sind, — späterhin als Richter zu entscheiden. Man erstaunt über solche Ungereimtheiten nur deshalb bei uns nicht mehr, weil man sich zuletzt an Alles gewöhnt und nicht mehr darüber denkt. Denkt man aber einmal darüber, so ist man damit um so unzufriedener, weil man sich zugleich vor andern denkenden Nationen schämt, dergleichen Widersinnigkeiten für ausgezeichnete, unübertreffbare Einrichtungen genommen zu haben. Und noch jetzt wagt man es, sie uns dafür anzupreisen, unserm blöden Unterthanenverstande weis zu machen, daß diese Einrichtung „überdies als ein Vorzug der deutschen Gerichtsverfassung angesehen wird;" uns zu „belehren": „die freiwillige Gerichtsbarkeit den Notarien ausschließlich beizulegen und den Gerichtsbehörden ganz abzunehmen, hat nicht vorgeschlagen werden können; sie ist ein Bestandtheil der Gerichtsbarkeit im Allgemeinen, (eine vorhin nachgewiesene Unwahrheit), und steht in genauer Beziehung zu unserer Hypothekenverfassung und Vormundschafts-Ordnung (ebenfalls eine Unwahrheit, wie die Hypothekenverwaltung der Obergerichte, namentlich z. B. des Kammergerichts, und die Vormundschaftsverwaltung der besondern Vormundschafts-Collegien, bei welcheu gar kein Act der s. g. freiwilligen Gerichtsbarkeit aufgenommen wird, handgreiflich beweisen), vor deren Umgestaltung eine solche Maaßregel mit großen Nachtheilen für die Parteien verbunden sein würde." Alles leere, grundlose Behauptung. Wir werden uns nicht länger einen Stein für ein Brodt, eine Schlange für einen Fisch bieten lassen! Hier ist nebenbei ein auffallender Widerspruch bemerklich zu machen, in welchen die absolutistisch-büreaukratische Gesetzgebung mit sich selbst zu verfallen im Begriffe steht. Die Notariatsordnung vom 11. Juli 1845 verbietet nämlich im §. 6, daß ein Notar eine Handlung der freiwilligen Gerichtsbarkeit in Angelegenheiten aufnehme, in welcher er der einen Partei als Advokat bedient gewesen. Der Richter aber, der einer Partei einseitig alle Prozeßschriften verfaßt hat, kann in seiner Eigenschaft als kommissarischer Notar der Staatsbehörde instrumentiren, ja er soll sogar als Richter über sein angegriffenes Machwerk entscheiden!

In Beziehung auf die beiden zuerst hervorgehobenen Verletzungen des oben (IV) hingestellten Grundsatzes, nämlich daß der

Richter zur Parteirolle eines Officials und zur Rolle eines Advokaten und Prokurators beider Parteien genöthigt wird, ist den uns in den s. g. Motiven gesagten Rechtfertigungsgründen noch näher zu treten.

1) Das Erste betrifft die Frage um das Institut der Staatsanwaltschaft. Der Staatsanwalt ist da, wo das Institut in seiner Wesenheit vorhanden, berufen, von Amts wegen das Interesse des Gemeinwesens und des Gesetzes bei der Justizpflege wahrzunehmen und das richterliche Amt in allen Fällen, wo solches das öffentliche Interesse in irgend einer Beziehung fordert, aufzurufen. Die Staatsanwaltschaft ist sonach ein sich selbst bestimmendes, von den Gerichten unabhängiges, Organ des Gesetzes und des Rechts ohne welches Recht und Gesetz leblos sind. Weil das Organ also durchaus unentbehrlich ist, so hat die büreaukratische Gesetzgebung des vorigen Jahrhunderts den Richter dafür erklärt. Vorher hatte man in dem s. g. Fiskalat ein besonderes, wenn auch unvollkommenes, Organ, welches aus Nützlichkeitsgründen — versteht sich aus dem Standpunkte der absolutistisch-büreaukratischen Regierung — abgeschafft und, wie gesagt, durch den Richter ersetzt wurde. Die Unnatürlichkeit dieser Einrichtung drängte unwiderstehlich nach Abhülfe. Man gab soweit nach, daß eine Art Versuch mit dem Institute der s g. Staatsanwaltschaft in der Berliner Lokal-Criminal-Ordnung von 1846 und in dem neuerfundenen Ehescheidungsprozesse von 1844 gemacht wurde. In diesen Versuchen ist aber das Institut verstümmelt. Nach dem Bornemann-Märker'schen Justiz-Organisations-Plane sollte dasselbe unversehrt und ganz hergestellt werden. Es wird darin bezeichnet als das Organ der Regierungsgewalt, um bei den Gerichten in den gesetzlich bestimmten Fällen und Formen eine richterliche Beschlußnahme oder Entscheidung hervorzurufen, auf die Handhabung der Ordnung bei den Gerichten zu achten, die Dienstführung der Notare, der Anwälte, der Gerichtsschreiber, der Civilstands-, Hypotheken- und Vollstreckungs-Beamten, die Vollstreckung der Gesetze und der richterlichen Beschlüsse und Urtheile zu überwachen, und diese Vollziehung, in soweit die öffentliche Ordnung dabei betheiligt ist, zu erwirken: Alles dieß nach Maaßgabe der Bestimmungen, welche durch besondere Gesetze gegeben sind oder erfolgen. Danach muß die Staatsanwaltschaft als Organ des Gesetzes, vor Erlassung eines richterlichen Beschlusses oder Urtheiles, in den durch das Gesetz bestimmten und außerdem in allen Fällen, wo sie es verlangt, mit ihrer Meinung und mit ihrem Antrage vernommen, mithin kann

bei einem ordentlichen Gerichte — außerordentliche Gerichte machen eine Ausnahme — ohne Anwesenheit eines Staatsanwaltes nicht Gericht gehalten werden.

Dieses absolut nothwendige Institut wirft der Kisker'sche Plan stillschweigend an die Seite, das durch die Berliner Stadt-Kriminalprozeß-Ordnung und durch das Ehescheidungs-Prozeßgesetz vom 26. Juni 1844 uns angehängte Stück des Instituts, nicht einmal eine Rumpf-Staatsanwaltschaft, soll unversehrt beibehalten werden, „weil das Institut der Staatsanwaltschaft in diesen Sachen für deren gesetzliche Behandlung eine Garantie mehr gewährt." Flachheit und Dreistigkeit sind gleich groß. Für so bornirt hält man das Publikum, daß man meint, ihm eine solche nichtssagende Redensart als Grund für die Beibehaltung des verstümmelten Instituts für „diese Sachen" und zugleich als Grund für die Entbehrlichkeit desselben für alle übrigen Sachen bieten zu können.

2) Das Andere betrifft die Prozeßordnung und die Advokatur.

In Beziehung auf die Prozeßordnung wird uns in den Motiven gesagt: „Wollte man in der Aneignung ihrer (der rheinischen Justizverfassung) Eigenthümlichkeiten weiter gehen und sofort völlige Uebereinstimmung herbeiführen, so würde — die rheinische Prozeß-Ordnung — angenommen werden müssen." Das ist nicht wahr; der Entwurf einer neuen Prozeßordnung für Preußen beweis't das Gegentheil; wir sind nicht so arm, daß wir uns nicht eine neue Prozeßordnung schaffen könnten. Freilich, der Vorgelegte hat schon durch sein öffentliches Dasein vor der Büreaukratie Unrecht; er sollte gleichfalls „zu dem Uebrigen" gelegt werden. — Aber gesetzt es wäre wahr, so fragt man natürlich nach dem Unglücke, was dadurch möglicherweise entstehen könnte. Das wird uns denn auch nicht vorenthalten. „Ein bewährter praktischer Jurist sagt in seiner Beurtheilung der Verordnung vom 21. Juli 1846 (Sommer's Archiv XII, S. 470), daß Preußen jetzt die beste Prozeßordnung in Deutschland besitze." Nun wissen wir es: wir würden die beste Prozeßordnung in Deutschland wegwerfen und dafür eine schlechtere annehmen. Warum ist die Preußische Prozeßordnung die beste in ganz Deutschland? Das erfahren wir auch: „Das Verfahren ist einfach und führt zu einer raschen und gründlichen Entscheidung der Rechtsstreitigkeiten." Darüber sind die Gelehrten sehr uneinig, kann mithin nicht als ein unstreitiger Beweisgrund angesehen werden. Weiter: „Man ist mit jenem (Verfahren) überall zufrieden." Ist gleichfalls zu bestreiten. Weiter: „Ein Bedürfniß, das durch die Verordnungen vom 1. Juni 1833 und 21. Juli 1846 geregelte Civil-Prozeß-Verfahren mit einem andern, und namentlich mit dem Rheinischen zu vertauschen, hat sich nicht ergeben." Ob ein Bedürfniß zur Vertauschung mit dem Rheinischen sich ergeben habe, mag dahin gestellt bleiben, wir glauben es nicht; aber daß sich ein Bedürfniß zur Veränderung vieler wesentlicher Prozeßvorschriften nicht ergeben habe, ist eine Täuschung. Der gegenwärtige Prozeß ist erstens darin noch der alte verrufene, daß der Richter nach wie vor den Parteien die Prozeßschriften, auf Verlangen, verfassen, folglich vorher mit Jedem von ihnen besonders zu Rathe gehen muß, was mit dem Berufe des Richters unverträglich ist; er ist zweitens zwiespaltig oder vielmehr ein doppelt verschiedener, je nachdem das gewöhnliche Verfahren, oder eine besondere Prozeßart stattfindet. Bei dem Ersten soll das Verhandlungsprinzip mit öffentlich-mündlichem Verfahren, bei der Andern das alte geheime und schriftliche Inquisitionsprinzip Anwendung finden. Anderer Mängel und Ungehörigkeiten gar nicht zu gedenken. Will uns nun ein Gesetzgeber einreden, daß ein solches Civil-Prozeß-Verfahren das beste, einer Veränderung oder Verbesserung durchaus nicht bedürftige sei, so schreibt er uns den alten Unterthanen-Unverstand zu.

Die Advokaten sollen ferner nur zur Bequemlichkeit des Publikums geduldet bleiben; an sich sind sie entbehrlich, der Richter kann, er muß sie ersetzen. So soll es bleiben, denn „von Einführung einer Verpflichtung der Parteien, sich in allen Prozessen vor kollegialischen Gerichten durch Anwälte vertreten zu lassen, hat abgesehen werden müssen, weil ein solcher Zwang mit der öffentlichen Meinung im Widerspruche stehen würde." Alles Täuschung und Vorwand; das urtheilsfähige Publikum versteht die Sache viel gründlicher als ihm hier zugetraut wird. Es weiß ganz gut, was es von dem büreaukratischen Standpunkte bedeutet, angeblich dem Publikum zu lieb etwas Vernunftwidriges in Schutz nehmen und zwar mit scheinbarer Schonungslosigkeit gegen eine Klasse niederer Beamten, die ja nur zum Wohle des Publikums da sind und also nicht berücksichtigt werden können, wenn die Meinung des Publikums dawider ist. Sonderbar. Hierbei soll die angebliche Meinung des Publikums den Ausschlag geben, und in andern Dingen, z. B. bei der unmittelbar nachher behandelten Frager über Trennung der Advokatur von dem Notariate, wird auf die Wünsche des Publikums nicht Rücksicht genommen. Die Sache liegt aber auf einer andern Seite: nicht die angebliche Meinung des Publikums ist der

Bestimmungsgrund, sondern die Herkunft und Hörigkeit des Prinzips: dieses gehört der absolutistischen Büreaukratie an. In dem Staate, mit einer absoluten Regierung besorgt nämlich der Träger der Staatsgewalt alle Rechtsangelegenheiten des unverständigen Unterthanen durch seine angenommenen Organe, die vermöge der ihnen übertragenen Gewalt die Sache ausschließlich am besten verstehen, nach dem Spruche: wem Gott giebt ein Amt, dem giebt er auch Verstand.

Diesem Grundsatze gemäß haben denn ganz natürlich auch die gleichsam als Richter angenommenen Organe alles in das Fach der Rechtsstreitigkeiten Gehörige für beide Parteien — denn Beide stehen dem väterlichen Herzen gleich nahe — freundschaftlich zu untersuchen. Dem wirklich Schwachsinnigen thut das in gewisser Hinsicht wohl, und wenn er dabei sieht, wie über den handelnden Agenten von oben so zürnend dahergefahren wird, bloß deshalb, damit seine Geschäfte ja recht ordentlich besorgt werden möchten, da ist für ihn kein glücklicherer Zustand, keine seegensvollere Einrichtung zu wünschen. Das ist diejenige „öffentliche Meinung," welche alle Mal von entscheidendem Gewicht ist, welche alle Mal als höchstes Gesetz angerufen wird, von der Büreaukratie nämlich, denn sie dient ihr zur Befestigung. Wer sich aber eine solche fremde Herrschaft im eigenen Hause nicht gefallen lassen will, dem ist die Meinung jener unselbstständigen Leute etwas sehr gleichgültiges. Darum ist die Berufung auf die angebliche öffentliche Meinung, um es zu rechtfertigen, den s. g. Advokatenzwang zu verweigern, dagegen aber den Richter zu zwingen, die Advokatengeschäfte zu besorgen, völlig gewichtlos. Und genau gesehen, ist die „Einführung einer Verpflichtung der Parteien, sich in allen Prozessen vor kollegialischen Gerichten durch Anwälte vertreten zu lassen", gar nicht nöthig; diejenigen, welche sich nicht vertreten lassen wollen, bedürfen des Schutzes der Büreaukratie gegen „Einführung einer Verpflichtung der Parteien" nicht; niemand will sie verpflichten, Jeder kann thun und lassen was er will in Verfolgung oder Vertheidigung seiner Rechte. Aber das fordern die selbstständigen, sich selbst bestimmenden Staatsbürger, daß sie ihrerseits nicht verpflichtet sein sollen, sich von einem Richter Recht sprechen und Justiz administriren zu lassen, der mit ihrem Gegner Rath gepflogen, ihm die Prozeßschriften verfaßt hat. Dies ist „ein solcher Zwang, der mit der öffentlichen Meinung in Widerspruch stehen würde," sogar schon wirklich im Widerspruche steht.

V. Die Gerichte sollen so eingerichtet sein, daß sie bei den Gerichtseingesessenen Vertrauen erwecken und befestigen, daß sie eine geordnete, befriedigende, möglichst gleichförmige Rechtspflege sichern. Hiergegen verstößt der Kisker'sche Plan mehrfach.

1) Die projectirten s. g. Kreisgerichte, durchschnittlich für 50,000 Seelen, sind in einer Hinsicht viel zu groß, in anderer Hinsicht viel zu klein. Wir werden dies nachher darlegen, vorher wollen wir die Motive für dieses Jurisdictions-Bezirksmaaß ansehen. Man sagt uns in den Motiven: „Die allgemeine Stimme hat sich sowohl in öffentlichen Blättern, als durch sehr zahlreiche Petitionen besonders lebhaft gegen Einführung der großen rheinischen Landgerichte und der einzeln stehenden Friedensrichter ausgesprochen. Durch eine solche Gerichts-Organisation würden in Folge der nothwendig gebotenen Aufhebung so vieler, theils kollegialischer, theils kleinerer Gerichte den mittleren Städten, deren Nahrungsverhältnisse ohnehin so sehr gelitten haben, die empfindlichsten Nachtheile zugefügt werden."

Was von der allgemeinen Stimme und den angeblich zahlreichen Petitionen gegen Einführung der großen rheinischen Landgerichte gesagt wird, ist schon an sich — denn was ist „allgemeine Stimme", und was sind „zahlreiche Petitionen"? — gewichtlos, verliert aber allen Werth, wenn man weiß, daß man „große rheinische Landgerichte", d. h. Gerichte von ungefähr 400,000 Gerichtseingesessenen, wie zu Köln und Aachen, einzuführen gar nicht beabsichtigt hat, und daß auch Petitionen im entgegengesetzten Sinne eingegangen sind, worin man ausgesprochen hat, daß wenn eine durchgreifende endliche Organisation, in Folge welcher einzelne Städte ihre Gerichte aufheben sehen, stattfände, man gar nichts sagen würde, daß man aber gegen die nun beabsichtigte nutzlose, ja schädliche Umlegung, Zusammenlegung und Zerreißung der Gerichte Widerspruch erhebe. Es stehen mithin Petitionen gegen Petitionen. Das ist jedoch unerheblich. Der erste wirkliche Grund dafür, daß die Gerichte so und nicht anders organisirt werden müssen, ist also der, daß den mittleren Städten nicht Nachtheile in deren Nahrungsverhältnissen zugefügt werden. Dieser Grund ist absolutistisch-büreaukratisch, genau von demselben Werthe, wie der oben in Beziehung auf den Advokatenzwang gewürdigte: es kommt auf das allgemeine Beste nicht an, wenn nur der Schutz und die Hülfe der Büreaukratie in den Vordergrund tritt und diese Art Herrschaft sich nothwendig macht. Daneben ist nicht zu übersehen, daß trotz dieser volltönenden Rücksichten in Worten die That doch damit nicht stimmt; denn es werden dennoch „durch eine solche Gerichtsorganisation, in Folge der nothwendig gebotenen Aufhebung vieler, theils kollegialischer, theils kleinerer Gerichte, den mittleren Städten die empfindlichsten Nachtheile zugefügt werden", wie die Vergleichung des Plans mit der jetzigen Gerichtstopographie zeigt.

„Diese Erwägungen," heißt es weiter, „sind es, welche eine Abweichuug von dem früher projektirten Organisationsplane motivirt haben. Die Abweichung besteht wesentlich (man höre!) nur in der Bildung von kollegialisch eingerichteten Gerichtsbehörden für nicht so große Bezirke, neben welchen einzeln stehende Richter mit beschränkter Kompetenz an denjenigen Orten, wo sich dazu wegen deren Entfernung vom Sitze des Gerichts ein Bedürfniß ergiebt, angestellt werden sollen, so wie darin, daß die Gegenstände der sogenannten Verwaltungs-Justiz noch ferner in den Händen der Gerichtsbehörden verbleiben, jedoch von besondern Abtheilungen derselben verwaltet werden sollen." Dies ist ein Zeugniß völlig falscher Auffassung, eines großen Irrthums: der Unterschied ist nicht bloß quantitativ, sondern hauptsächlich sehr qualitativ; die quantitative Abweichung ist nur secundair, aber nothwendige Folge der qualitativen Abweichung von solchen Gerichten, wie sie Herr Kisker machen will. Das ist aus dem bereits Gesagten zum Theil schon ersichtlich und wird weiterhin vollends klar werden.

Es folgen noch einige Gründe:

„Die Zugrundelegung der Kreis-Eintheilung findet sich schon im Gensd'armerie-Edikt vom 30. Juli 1812 (Gesetzsammlung S. 141 flg.) vor und dürfte den Verhältnissen am meisten entsprechen." Hier fehlt, um mit den Juristen zu sprechen, der „Causalnexus." Ferner lassen wir uns sagen: „Zu große Gerichte sind den Parteien unzugänglich, vermehren zu ihrem Schaden die Kosten und erschweren den Geschäftsgang. Die durchschnittliche Seelenzahl von 50,000 dürfte die Mitte halten zwischen solchen großen Gerichten und den kleinen, welche den Nachtheil haben, daß bei dem Mangel eines regen kollegialischen Geschäftsverkehrs die Richter in ihrer Fortbildung zurückbleiben."

Die Gerichte aber, wie sie projektirt sind, sind nach den ihnen zugedachten Funktionen viel zu groß. Wenn ein armer Hausmann wegen einer Erbtheilung, oder wegen seines geringen Besitzthums 4—5, ja 6 Meilen weit, zumal im Winter, zu Gericht wallfahrten soll, so ist es ihm unzugänglich, bringt ihn in Schaden und

Kosten und erschwert den Geschäftsgang, denn der Mann bleibt aus und die Sache, welche doch vom Gerichte ex officio zu Ende gebracht werden soll, bleibt liegen. Wo ist da Rücksicht und Fürsorge für die Gerichtseingesessenen! Wer ein ländliches Gericht mit 50,000 Gerichtseingesessenen, bei den ihm zugedachten Obliegenheiten und Verrichtungen, für das rechte Mittel zur befriedigenden Rechtspflege erklärt, der kennt die praktische Gerichtsverwaltung auf dem Lande nicht; wer das nicht alles mit erlebt und mitgethan hat, wer den s. g. Untergerichtsdienst bei großen ländlichen Gerichten nicht selbst praktisch verrichtet und nicht unmittelbare Anschauung von den dortigen Zuständen hat, kann darüber nicht urtheilen. Ueberhaupt erwirbt man die Berechtigung dazu nur dann, wenn man die geselligen Verhältnisse, d. i. die Rechtsgelehrsamkeit und die Staatsverwaltung, nicht bloß in der Stube aus Büchern und Acten, sondern draußen in der Welt, im Schweiße seines Angesichts, kennen gelernt hat. Dieser offen liegende Fehler der Einrichtung ist auch nicht ganz entgangen, denn „für entfernte Orte sollen Einzelnrichter zur Erleichterung der Gerichtseinsassen angestellt werden, ihre Kompetenz jedoch auf die geringfügigen und solche Sachen eingeschränkt sein, welche vorzugsweise mit den Interessenten selbst verhandelt werden müssen.“ Und nun trompetet das büreaukratische Echo durch seine ergebene Dienerin Voß die Erläuterung aus, daß nichts Besseres zu erdenken sei; daß das Land durch den Organisator beglückt werde; daß alle Einwohner durch die neue Einrichtung Rechtsgelehrte werden müßten, daß das volksthümliche Rechtsbewußtsein (auch das Rechtsbewußtsein wird volksthümlich!) ausgebildet werden würde. Denn „die Gerichte erster Instanz, die Kreisgerichte, welche uns ganz besonders wichtig für die Ausbildung des volksthümlichen Rechtsbewußtseins erscheinen, ziehen nach den neuen Verordnungen ein Netz von kollegialischer Gerichtsbarkeit (die Gerichtsbarkeit wird kollegialisch! hat man je so etwas erlebt!) mit öffentlichem Verfahren über das ganze Land (du glückliches Land!). Bei der Anweisung des Sitzes der Kreisgerichte bleiben doch Deputationen derselben da bestehen wo sie wegen früherer örtlicher Verhältnisse nothwendig sind. Die Einzelnrichter mit beschränkter Kompetenz werden in größerer Entfernung von den Kreisgerichten da angesetzt, wo es wegen der Rechtssachen in einer Gegend nothwendig wird, den Eingesessenen den Zutritt zur richterlichen Behörde zu erleichtern und näher zu bringen. (Da haben wir eine neue wissenschaftliche Eintheilung der Rechtssachen, nach der Nothwendigkeit, die Antretung des Richters zu erleichtern oder nicht zu erleichtern.) Diese Einzelnrichter gehören aber zum Kreisgerichte, treten nur als residirende Kommissarien desselben auf, werden zur Ergänzung des Kollegialgerichtes gelegentlich einberufen und überhaupt im engsten Wechselverkehre mit dem Kollegium, mit den Fortschritten der Rechtskunde (oh!) und Praxis erhalten, die im Kreisgerichte selbst Platz greifen. (Da werden also die Kreisgerichte wohl auch zugleich Rechtsschulen sein.) Sicher wird man diese Einzelrichter lange genug in einer Gegend lassen, um sich das Vertrauen der Eingesessenen zu erwerben — und kurz genug, um sie nicht in das Zurückbleiben ihrer Jurisprudenz gerathen, oder sie in der Beförderung zurückstehen zu lassen!" — In der Uebersetzung heißt dieser Gallimathias: wir werden uns der Einführung des berüchtigten Wanzleben'schen Normalplanes zu erfreuen haben. So weit hätten wir es im Fortschritt unserer Institutionen gebracht! Wir können uns der Würdigung dieses Normalplanes und des dadurch eingeführten neuen Kommissariats in Justizsachen, des Instituts der Reisenden in Justiz, überheben; dieses unerquickliche Geschäft ist schon von anderen gewandteren Federn vollbracht. Aber den Widerspruch in den Motiven des Organisators heben wir hervor, auf den wir hierbei wieder stoßen. Es wird uns vorgehalten: „Wollte man in der Aneignung ihrer (der rheinischen Gerichtsverfassung) Eigenthümlichkeiten weiter gehen und sofort völlige Uebereinstimmung herbeiführen, so würde das Institut der Einzelrichter — angenommen werden müssen. Das nach rheinischer Verfassung sehr ausgedehnte Institut der Einzelrichter ist aber in den östlichen Provinzen keinesweges beliebt; die zeitherige Patrimonialgerichts-Verfassung hat seine großen Mängel hervortreten lassen, und gerade diese Mängel sind es, welche die so allgemeine Forderung der Aufhebung der Patrimonialgerichtsbarkeit mit ihren Einzelrichtern hervorgerufen." Diese schönen Sachen tischt man uns als Motive auf! Wenn der Nachdruck auf den „unbeliebten Einzelrichter" liegt, so darf Herr Kisker ja, ohne zweimal mit sich selbst in Widerspruch zu kommen, nicht die zahlreichen kollegialischen Patrimonialgerichte aufheben und auch keine Kommanditen oder Kommissionaire, welche in Justiz machen sollen, etabliren.

Wir kehren zu dem Thema zurück, daß die Gerichtssprengel bei den den Gerichten zugewiesenen privatrechtlichen Verwaltungs- und andern Nebengeschäften viel zu groß sind. Die abhängigen Kommissionaire helfen dem Fehler nicht ab; sie sind an sich selbst ein

Mangel in Ansehung einer gesicherten, gleichförmigen, vertrauenerweckenden Rechtspflege.

Die projektirten Gerichte sind aber andererseits wieder viel zu klein.

a) Werden diejenigen Angelegenheiten der Staatsbürger, welche die Behörden als solche gar nichts angehen, den Interessenten zur eigenen Besorgung überlassen und hört die Konkurrenz der Staatsbehörde bei dem Gewerbe der Urkunden-Verfertigung auf, so haben das Richterpersonale von auch nur 3 Personen und der Staatsanwalt bei 50,000 Gerichtseinsassen (es kommen sogar Gerichte von nur einigen und 30,000 im Plane vor) keine angemessene Beschäftigung.

b) Die Justiz kann nicht dem Bedürfniß entsprechend verwaltet werden. Was

die Civil-Rechtspflege

betrifft, so ist es durchaus unpraktisch, die Appellationsgerichte mit den Bagatellsachen zu befassen. Das Bedürfniß geht nicht weiter, als daß die Gelegenheit gegeben wird, gegen den Ausspruch eines Einzelnen noch ein Kollegium anrufen zu können; und je näher dieses ist, je besser ist es. Es ist auch unwirthschaftlich, ja verschwenderisch, die Kräfte eines Appellationsgerichtshofes auf unbedeutende, auf kleinliche Sachen zu verwenden. In diesert Art haben wir freilich das Unerhörte, noch nie Dagewesene erreicht, daß die Staatskasse jedesmal einen Kostenverlust von etwa 30 Thlrn. erleiden wird, wenn ein Dienstbote dem Andern, ein Straßenbursche dem Andern eine Injurie sagt und deshalb verklagt wird; denn er hat das Rechtsmittel der Nichtigkeitsbeschwerde bei dem Geheimen Ober-Tribunale, wo 7 Richter darüber zu Gericht sitzen, welche mit 5—10 Thlrn. täglich bezahlt werden und durch die Bank täglich 2 Sachen (nämlich in jeder der beiden wöchentlichen Sessionen 6—7) entscheiden; die Injurianten der gedachten Klassen haben faktisch Gebührenfreiheit und lassen sich s. g. Official-Anwalte zur Einführung und Rechtfertigung ihrer Nichtigkeitsbeschwerde bestellen, das versteht sich von selbst, ist aber von dem Gesetzgeber, welcher durch die bedeutenden Kosten repressiv zu wirken gedacht hat, nicht in Anschlag gebracht. Allein dabei wird es hoffentlich nicht bleiben, man wird doch zeigen, daß wir unsere Kräfte und Mittel besser zu verwenden verstehen, als sie auf dergleichen rein polizeiliche Strafsachen, welche der Polizeirichter täglich dutzendweise erledigt, zu vergeuden. Von den Aussprüchen der Einzelnrichter muß die Berufung anderswohin, als an das nächste ordentliche Landesgericht nicht gehen. Das macht die Kisker'sche Einrichtung unmöglich. Wenn seine Art Einzelnrichter schon aus „der Rechtskunde und Praxis, die im Kreisgerichte selbst Platz greifend," schöpfen, so kann man von ihnen nicht an dieses Kreisgericht appelliren wollen.

Hinsichtlich des

strafrechtlichen Verfahrens

geht der neue Entwurf, mit büreaukratischer Consequenz, viel weiter, da schneidet er in die verfassungsmäßigen Rechte des Volkes tief ein.

Wir gehen in unserer Betrachtung vom Kleinern zum Größern, und sprechen zuerst von

dem Verfahren wegen Vergehen, ohne Geschworene.

Im Allgemeinen gehen die Ansprüche an ein entsprechendes Verfahren dahin, daß dem Angeschuldigten Gelegenheit gegeben werde, seine Vertheidigung seinen Richtern unmittelbar vorzutragen; daß er bei dem Gerichte, was man über ihn halten will, persönlich anwesend, ohne Schwierigkeit anwesend sein kann; daß er bei ausgefundener Straflosigkeit auf der Stelle frei ausgehe; daß er, wenn das erste Gericht ihm nicht günstig urtheilt, unter denselben Voraussetzungen und Umständen noch ein zweites Gericht habe (Appellation). Erkennen die Kisker'schen Entwürfe diese verfassungsmäßigen Ansprüche an und entsprechen sie ihnen? Nein. Die Appellation ist verstümmelt und erschwert, und dadurch ist zugleich der Verfassungsgrundsatz betreffs der Mündlichkeit des Verfahrens verletzt. Die Appellation soll nämlich, weil die Einrichtung der ordentlichen Landesgerichte dazu nicht taugt, an die entfernten Appellationsgerichte gehen. Hiergegen ist Ebendasselbe zu sagen, was von der Behelligung des Geheimen Ober-Tribunals mit den Injuriensachen gesagt worden ist, doch berührt das nicht das Recht des Angeschuldigten nachtheilig. Diese Beeinträchtigung desselben liegt nämlich in der Verstümmelung der Appellation. Um nämlich das Verfahren vor dem Appellationsrichter vollständig zu wiederholen, müßten Angeschuldigter und Zeugen vor ihm erscheinen. Das würde sehr viel Reisekosten und, wegen des Transports des verhafteten Angeschuldigten, viel Schwierigkeiten machen, also so gut wie unausführbar sein. Darin weiß sich indeß die Büreaukratie zu helfen: sie hat für die Appellations-Instanz ein schriftliches Verfahren eingeführt und die persönliche Gegenwart des Verfolgten für unnöthig erklärt. Was also durch die Verfassung gewährleistet ist, das kassirt Herr Kisker mit einem Federstriche, und dabei wird gethan, als hätten wir das vollständigste mündliche Verfahren. Er schreibt vor, daß in öffentlicher Sitzung der Inhalt der Acten verlesen werden soll und der Angeschuldigte durch einen Bevollmächtigten erscheinen darf, wenn er nicht persönlich anwesend sein kann. Hier soll also auf Grund der niedergeschriebenen Acten und Zeugenaussagen erkannt werden, gerade so, wie im inquisitorischen schriftlichen Prozesse, wo sich die Richter nicht selten darüber streiten: ob eine Zeugenaussage so oder anders zu verstehen sei. Das wird uns als mündliches Verfahren geboten. Die persönliche Anwesenheit der Hauptperson ist kein Erforderniß; sie kann also nicht zu ihrem Richter sprechen, sie kann keine Fragen an die Zeugen richten; sie kann nicht sofort in Freiheit kommen, wenn sie freigesprochen wird, sie muß im Gefängnisse des weit entlegenen Gerichts erster Instanz abwarten, bis das freisprechende Urtel dorthin und zur Publikation gelangt, gerade so, wie im schriftlichen Inquisitions-Prozesse. Sie muß darunter leiden, wenn durch irgend eine Nachlässigkeit oder Zufälligkeit die Versendung oder Publikation des Urtels versäumt wird, gerade so wie jetzt und sonst, wo der Fall öfter vorgekommen ist, daß das freisprechende Urtel zur Publikation gelangt ist, nachdem die interimistisch angetretene Strafe lange verbüßt war. Das sind unsere gewährleisteten Fortschritte! Nicht mehr und nicht weniger, als das alte schriftliche Inquisitionsverfahren, wird geboten, und zwar für ein mündliches, weil doch der Inhalt der Protokolle, durch Verlesung, mündlich gesprochen wird. Da dem Verfasser der Entwürfe gewiß kein böser Wille vorzuwerfen ist, so müssen wir ihm die Kenntniß des mündlich-öffentlichen Verfahrens nach Begriff, Wesen und Anwendung absprechen. — Ueberdies kann selbst bei dieser Verstümmelung des Verfahrens es nicht vermieden werden, daß weitere Reisen von Zeugen zu machen sind, nämlich alsdann, wenn ein neuer Defensional-Beweis angetreten wird. Man tröstet uns damit, daß dergleichen Fälle verhältnißmäßig selten vorkommen. Aber auf Zufälligkeiten kann keine Staatseinrichtung gegründet werden; es ist gleichgültig: ob der Fall einmal oder zehnmal in einer gewissen Zeit vorkommt.

Die Organisation der Gerichte muß so sein, daß das mündliche Verfahren in der Appellation, in Gegenwart von Zeugen und Angeschuldigten, wiederholt werden kann, ohne daß weite Reisen nach dem entfernten Appellationsgerichte unternommen werden müssen.

Die Schwurgerichte

sind, wo möglich, noch schlechter projectirt.

Mit der volksthümlichen Einrichtung dieser Gerichte hat es freilich bisher seine Schwierigkeiten gehabt, weil es in dem Polizeistaate an Institutionen, an welche dasselbe angelehnt werden konnte, ganz und gar fehlte. An dieser Bodenlosigkeit hat es gelegen, daß man unter den vorigen Ministern damit nicht hat zu Stande kommen können, trotz alles Grübelns und Rathschlagens. Man wird dies sogleich verstehen.

Die Geschworenen sind aufzufassen als die Stellvertreter der gesetzgebenden Gewalt; sie sollen an deren Stelle über einen Specialfall das Recht finden und aussprechen. Sie unterscheiden sich von den gedungenen Richtern dadurch, daß diese das vorhandene aber streitige Recht, nach voraus bestimmten Regeln, erkennen, nicht finden, nicht ursprünglich schöpfen. Darum kennen die Geschworenen keine ihnen von einer höhern Gewalt vorgeschriebenen Regeln; sie selbst sind der personificirte Gesetzgeber für den Specialfall, keinesweges etwa dessen Beamtete; sie folgen daher nur ihrem eigenen Bewußtsein, handeln nicht nach einer ihnen mitgegebenen Instruktion, wie der beauftragte Richter, dem der Gesetzgeber die s. g. Beweistheorie für die Thatfrage und die Rechtsgrundsätze für die Rechtsfrage vorgeschrieben hat. Daraus erklärt es sich, warum es unerheblich ist, ob in einem bestimmten Falle das Verdikt der Geschworenen mit dem Urtheile, wie es beauftragte Richter nach ihrer Instruktion gesprochen haben würden, zufällig zusammentrifft oder nicht, es ist daher ein völlig nutzloses, müssiges Unternehmen, das Institut der Geschworenen aus dem Standpunkte der angesetzten Richter, weil diese anders und vermeintlich richtiger geurtheilt haben würden, anzugreifen, wie wir das öfter gesehen haben. Das ist gerade das Wesen des Instituts, daß der Gesetzgeber selbst in diesem Specialfalle zu Gericht sitzt: das Rechtsbewußtsein und der Rechtsbildner in Person thut den Ausspruch.

Die praktische Frage ist nun die: wer soll zur Repräsentation des Gesetzgebers befähigt sein? Das beantwortet sich nach der Staatsverfassung. Im Allgemeinen ist dazu ein Jeder an sich befähigt, welcher zur Theilnahme an der Herrschaft, d. h. Gesetzgebung, berufen ist. Beruht die Landesverfassung auf demokratischer Grundlage, so ist ein Jeder, welcher danach politische Rechte hat, an sich fähig, Geschworner zu sein. Viele sind jedoch zufällig unfähig oder behindert. Darum kann nicht Jeder nach der Reihe herangezogen werden. Darin liegt die Nothwendigkeit, unter den an sich Befähigten die beziehlich Befähigten zu kennen und herauszusuchen. Hierdurch entstehen die s. g. Urlisten für die Geschworenen. Nun fragt sich praktisch weiter: nach welchen Merkmalen soll die Auswahl geschehen und wem soll die Auswahl anvertraut sein. Diese Fragen sind die allerwichtigsten bei der Bildung der Schwurgerichte. Man kennt in ersterer Hinsicht zwei Systeme: das der allgemeinen Wählbarkeit mit gewissen Ausnahmen, und das der Kathegorien. In Beziehung auf den Wähler trifft man gleichfalls auf zwei sehr verschiedene Grundsätze: nach dem Einen nimmt die Staatsregierung durch gewisse Beamte die Auswahl vor, nach dem Andern ist sie Volksorganen anvertraut. Selbstredend ist das System der Kathegorien, in Verbindung mit dem Grundsatze, daß die Regierungsbehörde die Urlisten macht, Dasjenige, welches der Staatsregierung den meisten Einfluß auf die Bildung der Schwurgerichte gestattet. Dieses System ist das Napoleonische, wie es im Wesentlichen noch jetzt am Rhein in Praxi ist. Es leuchtet ein, daß es dem Wesen des Staats mit einer demokratischen Verfassung widerspricht. Da man ein derartiges Gesetz unter den Ministerien Bornemann und Märker nicht vorlegen mochte, ein der Grundlage der neuen Verfassung entsprechendes Gesetz über Schwurgerichte, wegen gänzlichen Mangels an volksthümlichen Organen zur Bildung der Urlisten aber unmöglich war, so konnte man damals mit dem Entwurfe nicht zu Stande kommen. Der Herr Minister Kisker ist über die Schwierigkeit leicht hinweggekommen, wiewohl zu seiner Zeit die vorbereitete Gemeindeverfassung einen bessern Ausweg geboten hätte. Er hat das Napoleonische Schwurgericht, wo möglich noch mangelhafter, geboten. Der Leser mag nach dieser Darlegung selbst ermessen: ob ein solches Schwurgericht mit der neuen Staatsverfassung in Einklang ist. Die jetzt bestehenden Kriminalgerichte sind ihm weit vorzuziehen.

Die projektirten Gerichte sind, abgesehen von der Unzulässigkeit der gebotenen Schwurgerichte, zur strafrechtlichen Justizpflege nicht geschickt, sie sind zu klein und zu unvollkommen. Der Gerichtssprengel muß einen so großen Umfang haben, daß in ihm eine für den Justizdienst völlig ausreichende Zahl von zu Geschworenen geschickten Personen vorhanden ist, ohne daß ihnen der Dienst eine zu schwere Last wird. Das ist bei einigen und 30 und auch bei 50 Tausend Einsassen bei weitem nicht der Fall. Diese kleinen Sprengel führen wiederum zur Vergeudung der Kräfte, oder hindern die vierteljährige Assisensitzung, verewigen mithin den Untersuchungsarrest der Angeklagten. Denn um eine solche Gerichtssitzung zu halten, muß eine dem Kosten- und Kraftaufwande entsprechende Zahl von Kriminalfällen vorliegen; man kann einen Assisen-Gerichtshof nicht um jede Paar Sachen zusammentreten lassen, ohne das Land durch die Last zu erdrücken. Das scheint man auch, nach mehrseitigen Erinnerungen, gefühlt zu haben, denn es ist in Aussicht gestellt, nur bei gewissen Kreisgerichten den Assisenhof zusammentreten zu lassen. Etwas ähnliches zeigt uns die französische Geschichte in den sich als unpraktisch erwiesenen, und darum bald wieder abgekommenen, besondern Criminal-Gerichtshöfen in der Zeit der ersten Republik. Die ganze Einrichtung ist ein Fehler; sie verstößt gegen den ersten Grundsatz einer guten Gerichtsorganisation, daß die ordentlichen Gerichte die vollständige Civil- und Kriminal-Gerichtsbarkeit haben müssen und nicht wieder verschiedenartige ordentliche Gerichte erster Instanz neu erfunden werden dürfen. Auch in dieser Beziehung verstößt das Projekt gegen einen staatsrechtlichen Grundsatz.

Noch ein Punkt ist hier zu berühren, der zwar nicht unmittelbar die Gerichts-Einrichtung betrifft, aber doch damit in Verbindung steht. Das ist die den Staatsanwälten in strafrechtlichen Sachen gegebene Stellung und die Leichtigkeit der persönlichen Haftnehmung.

Der Staatsanwalt kann nach §. 6 der Verordnung vom 3. Januar 1849 die gerichtliche Verfolgung verweigern, wenn er ausspricht, daß er sie nicht für begründet erachte. Er ist ganz von der Regierungsgewalt abhängig, ein Organ derselben. Wie ist es nun, wenn die Minister oder ein anderer Gewalthaber die staatsbürgerlichen Rechte eines Staatsbürgers, die persönliche Freiheit, das Hausrecht u. s. w. verletzt, wo findet da der Verletzte den ihm zugesicherten Schutz? Wo ist der Richter, welcher die Klage gegen den Militair-Gewalthaber annimmt, der sans façon eine bekannte Person von der Straße aufheben und 24 Stunden einstecken läßt, ehe er sie an die Behörde abliefert, die dann befindet, daß nicht der entfernteste Grund zur Verhaftung vorliegt? Hic haeret aqua. Die Zusicherung aller dieser schönen Güter ist gar nichts werth, so lange es nicht möglich ist, den Verletzer der Rechte und Freiheiten der Person ohne den Staatsanwalt, wenn Dieser nicht willfährig ist, zu verfolgen: jeder Verletzte muß selbst als Ankläger auftreten dürfen.

Die persönliche Freiheit ist durch den §. 5 der Verordnung, dem Prinzipe des absoluten Polizeistaats entsprechend, der Laune und Willkühr der Regierungsbeamten Preis gegeben, denn der so oft gemißbrauchte Satz aus der alten Inquisitions-Prozeßordnung §. 209 ist wieder aufgefrischt, daß die Verhaftung wegen möglicher Verdunkelung zulässig sei. Damit ist dem Fasse der Boden ausgeschlagen; die garantirte persönliche Freiheit ist durch die Formel des Gewalthabers nullificirt, daß Er, sage Er selbst, die Verdunkelung der Wahrheit für möglich hält. —

Gegen den Grundsatz (V) verstößt der Kisker'sche Plan ferner dadurch, daß

2) die projektirte Einrichtung der s. g. Kreisgerichte die Richter der Willkühr eines herrschsüchtigen Direktors unterwirft, wodurch sie in ihrer richterlichen Selbstständigkeit und Unabhängigkeit gefährdet sind. Das Gericht wird nämlich aus dem wirklichen Gerichte (Abtheilung für Prozeßsachen) und aus einem daneben errichteten Geschäfts- und Kommissions-Büreau (Abtheilung für allerhand andere Sachen und Geschäfte) bestehen. Der Dirigent bestimmt, welche Mitglieder in der einen und in der andern Abtheilung sein sollen. Hat er in seiner Prozeßabtheilung ein sich selbstständig haltendes, ihm unbequemes Mitglied, welches die Direktorial-Ansichten nicht für bekannte Rechtsgrundsätze gelten läßt; so versetzt er Es und sucht sich eine bequemere Person aus. Dadurch haben wir zwei Verfassungswidrigkeiten: erstens kann ein Richter auf die leichtfertigste Weise von seinem Richterstuhle versetzt werden; zweitens wird den Rechtsbedürftigen in Wahrheit nur durch Eine Person Recht gesprochen, während sie doch einen verbürgten Anspruch auf das Urtheil eines Kollegiums von selbstständigen Richtern haben. Eine solche verfassungsverletzende Gerichtseinrichtung ist unmöglich.

Es kann auch nicht als verfassungsmäßig zugestanden werden, daß der Minister befugt sein soll, zu bestimmen, welche Sachen einer kollegialischen Berathung und Beschlußnahme unterliegen sollen. Das ist ein Hauptpunkt, der durch das Gesetz fixirt werden muß. Nur ein Büreaukrat kann sich anmassen, hierüber nach seiner Willkühr bestimmen zu wollen. Deshalb ist der §. 20 der Verordnung v. 2. Januar 1849, wodurch dem Minister ein so gewaltiger Eingriff in die Justizpflege gestattet wird, nicht mit der Verfassung in Einklang zu bringen.

3) Das Projekt verstößt gegen den Grundsatz (V) auch durch die vorgeschlagene Appellations-Gerichtseinrichtung: die Appellationgerichte sind viel zu klein, wir müssen ehrwürdige, feststehende, achtunggebietende Appellationsgerichte schaffen, solche, welche der Einheit in den Rechtssprüchen eine Gewähr sind, der Entwickelung

und Fortbildung des Rechts förderlich. Von alle dem bietet man uns das Gegentheil.

Die Appellationsgerichte, wie sie sein sollten, müssen ansehnliche Körperschaften sein. Das können sie nicht sein ohne einen großen Sprengel zu haben, weil sonst das Richterpersonale unbeschäftigt sein würde. Das Kisker'sche Projekt bietet uns kleine unansehnliche Kollegia. Die Appellationsgerichte, wie sie sein sollten, müssen auch ein gewisses, in sich begrenztes Rechtsgebiet haben, d. h. es dürfen in einem in sich begrenzten Rechtsgebiete nicht mehrere Appellationsgerichte sein, sonst entstehen Rechtsspaltungen und Rechtsunsicherheit. Darum hat man es als eine Vervollkommnung in der Gerichtseinrichtung schon lange zu erstreben gesucht, für jede Provinz ein Appellationsgericht und zwar ein einziges Appellationsgericht zu errichten, was bis jetzt nur in zwei Provinzen: in Preußen durch das Tribunal zu Königsberg und in der Provinz Posen durch das Oberappellationsgericht zu Posen erreicht worden ist. Eine solche Einrichtung ist praktisches Bedürfniß; die Besonderheiten in den verschiedenen Provinzen sind nicht auszurotten und haben allerdings gleiche Berechtigung zu sein. Eine sichere, vertrauenerweckende Pflege dieses Rechtsgebiets ist nur von einem einigen Appellationsgerichte zu erwarten. Der Kisker'sche Plan geht den Krebsgang, er zerstört das bereits Errungene und Geschaffene durch Kassation des Preußischen Tribunals und des Posen'schen Appellationsgerichts, und bietet uns für jede Provinz drei auch zwei Appellationsgerichte, somit die Anlage der Zerrissenheit, der Rechtsspaltung, der Rechtsunsicherheit.

Das die Beschaffenheit der uns bedrohenden Gerichts-Organisation im Allgemeinen. Müssen die in der bisherigen Darlegung als verletzt bezeichneten staatsrechtlichen und publicistischen Grundsätze, nach der neuen Staatsverfassung, für wahr erkannt werden; so ist die Nichtigkeit und Unmöglichkeit dieser Einrichtung bewiesen. Und eine solche Einrichtung wird uns in den Motiven angepriesen als „die Weise in welcher die Regierung auf volksthümlichen Wege vorzuschreiten glaubt." Anzunehmen, daß man uns für so kolossal dumm hält, daß man glaubt uns Etwas aufbinden zu können, würde einen bösen Willen voraussetzen, was durchaus nicht zulässig ist; wir müssen deshalb den Grund zu einer solchen neckischen Anrühmung in einem anderen Fehler suchen.

Und der Vorschritt auf diesem Kisker'schen „volksthümlichen Wege" hat solche Eile, daß er sogleich geschehen muß. Denn um ganz zu Ziele zu kommen, müssen „die Vorzüge der altländischen Verfassung beibehalten und bloß ihre mangelhaften Institute mit den für besser erkannten Rheinischen vertauscht werden (welche sind die Einen und die Andern?) — damit ist die Nothwendigkeit anerkannt, daß auf beiden Seiten Veränderungen eintreten müssen. Eine solche Verschmelzung läßt sich nicht zur Ausführung bringen, so lange nicht eine Revision der bestehenden Gesetzgebungen stattgefunden hat. Hierauf zu warten ist nicht der Wunsch der Nation." Das die Veranlassung zur Hast. Dazu also hätten wir nun bald Jahr und Tag gewartet, um uns jetzt plötzlich mit einem solchen Vorschritt beglücken, und uns eine darauf folgende „Verschmelzung" der rheinländischen und der alten polizeistaatlichen Elemente in weiterer Verfolgung des Kisker'schen „volksthümlichen Weges" in Aussicht stellen zu lassen?! Also Polizeistaats-Prinzipe und demokratische Verfassungs-Prinzipe sollen mit einander verschmolzen werden. Eine neue Composition, eine neue Species aus heterogenen Elementen! Aber wo den Schmelzkünstler dazu finden, den Specifikanten? Damit ist es nichts. Die Nation wird nicht warten wollen bis die neue Composition zu Stande gebracht worden ist und dann an ihr probirt werden kann. Entweder das Eine oder das Andere! Entweder behalten wir die büreaukratischen Anstalten des despotischen Staats: dann brauchen wir die provisorischen Veränderungen des Herrn Kisker nicht; oder wir wollen volksthümliche, nämlich volksthümlich nicht im Sinne des Herrn Kisker, sondern im Sinne der demokratischen Staatsverfassung: dann brauchen wir sie noch weniger. In jedem Falle also können und müssen wir, mit der gedrohten Beunruhigung und Belästigung des nichtigen und unmöglichen Provisoriums und dessen schweren Kosten, verschont bleiben.

Wir haben zu wählen: wollen wir ein solches sogleich eintreten lassen und dann eine ungemessene Reihe von Jahren, unter fortwährender Unruhe, unsere Person und unsere Habe zum Probiren den büreaukratischen Gewalthabern Preis geben? oder: wollen wir, nachdem wir schon so lange gewartet haben, noch ein kleines warten, um uns sogleich definitiv nach verfassungsmäßigen Grundsätzen einrichten? Die Wahl kann nicht zweifelhaft sein. Wir haben nur zu beklagen, daß die Zeit seit dem October v. J. umsonst auf den unmöglichen Plan versäumt worden ist, statt den einzig zulässigen volksthümlichen Weg weiter zu verfolgen.

2. Vorschlag zu einer verfassungsmäßigen Gerichtsorganisation.

Die definitive Gerichtsorganisation, ganz den Grundsätzen der veränderten Staatsverfassung entsprechend, ist, bei wirklich gutem und ernstem Willen, in einigen Monaten ebensogut zu bewerkstelligen, wie man das unmögliche Kisker'sche Projekt auszuführen hofft. Die

Hauptstücke sind alle vorgearbeitet, es kommt nur auf die Vorlegung an. Daß die Anschließung an die rheinische Gerichtsverfassung, in Gemäßheit der neuen Staatsverfassung, unabweisbar ist, kann nicht mehr in Frage gestellt werden; es ist auch jedem logischen Kopfe klar, daß eine „Verschmelzung" von Gegensätzen ein Unding ist: ein einiges Prinzip muß das herrschende sein.

In Baiern ist in neuester Zeit diese Einsicht auch zur That geworden: das Justizministerium hat dort den Entwurf einer neuen Justiz-Organisation für das ganze Königreich vorgelegt, welcher sich an die rheinische Einrichtung anschließt, indem in erster Instanz Einzelnrichter mit einer außerordentlichen Gerichtsbarkeit, als ordentliche erstinstanzliche Gerichte größere kollegialische Gerichte mit Staatsanwälten, und als oberster Gerichtshof des Landes ein Kassationshof vorgeschlagen sind. Das ist auch der früher projektirte, von Herrn Kisker bei Seite geworfene Plan. Dieser würde wieder aufzunehmen sein. Wir wollen hier in Kurzem andeuten, wie derselbe auszuführen sein möchte und daß dazu durchaus keine lange Zeit erforderlich, wenn wirklicher Ernst bei der Sache ist.

I. Die Trennung der Verwaltungssachen*) und der mit dem Richteramte unverträglichen Funktionen ist, wie gesagt, nothwendig, keinesweges bloß wünschenswerth. Sie ist zu bewerkstelligen:

1) Durch Einführung des Instituts der Staatsanwaltschaft, in der oben angegebenen Bedeutung, bei allen ordentlichen Gerichten.

2) Durch Zurückgabe der Vormundschaft an die Familie und beziehlich an die nächste weitere Verbindung, d. i. die Gemeinde. Um dieses zu bewerkstelligen, ist eine vorgängige neue Vormundschaftsordnung nicht schlechterdings nothwendig, es kann bei den Vorschriften des 18. Titels Th. II. A. L. R. sehr wohl vor der Hand verbleiben, nur muß ein transitorisches Gesetz erlassen werden, worin die Umleitung, die neue Vormundschaft-Aufsichtsanstalt in der Gemeinde angeordnet und die mit der Vormundschaftsführung der Staatsbehörde in Verbindung stehenden Grundsätze aufgehoben oder verändert, sowie diejenigen Fälle bestimmt werden, wo etwa die Gerichte durch Prüfung und Approbation mitzuwirken haben Dieses Gesetz ist in einigen Tagen entworfen.

3) Durch Anstellung besonderer Hypothekenbuchführer, welche nicht nothwendig Rechtsgelehrte zu sein brauchen. Eine darauf berechnete Hypothekenordnung ist bereits entworfen; man lege sie vor und lasse sie verbessern oder verändern, gleichviel wenn das In-

*) In den Motiven zu dem Kisker'sche Entwurfe werden diese Sachen „Gegenstände der s. g. Verwaltungs-Justiz" genannt. Der Verfasser hat die Begriffe und Bezeichnngen von Justizsachen, Justizverwaltungssachen und Verwaltungs-Justizsachen nicht in seiner Gewalt: diese Ausdrücke sind nicht gleichbedeutend, und die gemeinten Sachen sind keinesweges „Gegenstände der Verwaltungs-Justiz."

stitut nur ins Leben tritt. Es ist übrigens schon vorhin gesagt, daß die Hüpothekenbuchführung über kleine Trennstücke überhaupt nicht wohl ausführbar ist und es deshalb am gerathensten wäre, diesen kleinen Grundbesitz wie bewegliche Sachen zu behandeln, wenn man nicht nach rheinischer Art bloße Einschreibungen der Titel hintereinander genügen lassen will.

4) Durch eine Prozeßvorschrift, daß bei den ordentlichen Gerichten die Klage und die weitern Prozeßschriften nicht mehr von dem Richter in einem dazu angesetzten Termine aufgenommen, sondern schriftlich eingereicht werden sollen. Will man nicht vorschreiben, daß die Schriften von einem Advokaten unterzeichnet sein müssen, so müssen es sich die Parteien gefallen lassen, wenn ihr unverständliches oder unpassendes Schriftstück keine Folge hat. Mit dieser Vorschrift kann der jetzt übliche Prozeß zur Noth solange fortbestehen, bis eine neue Prozeßordnung emanirt wird. Diese kann bald folgen, sie ist bekanntlich schon entworfen und mag vorgelegt werden. Weil dieser Entwurf auf der Voraussetzung einer der Rheinischen ähnlichen Gerichtsverfassung beruhet, so ist sie jetzt natürlich bei Seite gelegt worden.

5) Durch Anstellung besonderer Exekutions-Kommissarien. Auch hierauf ist der Entwurf einer neuen Prozeßordnung schon berechnet; vorläufig könnte also daraus der Titel über Exekutionen als eine neue Exekutionsordnung gleichzeitig emanirt werden, wenn man die ganze Prozeßordnung sogleich einzuführen Bedenken hätte.

6) Durch Ansetzung besonderer Notarien auf Gebühren. Dazu bedarf es keines neuen Gesetzes, die alte Notariatsordnung genügt vor der Hand. In Ansehung der Testamente hat man zwei Wege. Entweder man überträgt deren Aufnahme und Verwahrung gleichfalls den Notaren durch eine besondere Bestimmung, oder man läßt sie vorläufig bei den Gerichten in der bisherigen Art. Diese Ausnahme könnte einstweilen stehen bleiben.

Gegen die Ansetzung der Notare auf Gebühren ist das Bedenken,

a) daß sie zum Verkaufe der Stellen und zur Ueberhebung der Gebühren führe beziehlich veranlasse. — Dieses Bedenken könnte auch jetzt, bei unsern heutigen Notaren, erhoben werden. Was könnte vielleicht der Grund sein, wodurch dasselbe gegenwärtig ausgeschlossen würde? Hinsichtlich der Gebühren-Ueberhebung giebt es einen solchen Grund wohl nicht, die Ueberschreitung der Taxe ist jetzt wie künftig möglich, und muß durch die schon vorgeschriebenen und noch vorzuschreibenden Kontroll- und Beaufsichtigungsmittel hintertrieben werden. Dahin gehört:

α) Notirung der Kosten auf das Instrument und Bestrafung der Unterlassung;

β) Bestrafung der Uebertretung, sowohl auf Beschwerdeführung der Partei als auch auf Antrag des Staatsanwalts, der von Amts-

3*

wegen darauf zu sehen hat, wenn ihm Notariatsacte zu Gesichte kommen.

Daß jetzt ein Stellenverkauf bei uns nicht vorkommt, liegt einestheils darin, daß es lediglich von dem Gutbefinden der Staatsbehörde abhängt: ob, wann, und durch welche Person sie eine erledigte Stelle wieder besetzen will. Das könnte auch künftig so sein; und überdieß wird die Behörde, wenn sie Verdachtsgründe für ein Abkommen des Kandidaten mit dem Vorgänger oder dessen Erben hat, gerade deshalb einen Andern anstellen. Anderntheils aber erklärt es sich daraus, daß es bei uns keine bleibenden Notariatsstuben giebt. In Frankreich, England rc. müssen die Acte und Deposita, Testamente rc. von dem abgehenden Notar auf einen Nachfolger übertragen werden. Bei uns wird das Büreau eines abgehenden Notars vertilgt; die Acte gehen zur Verwahrung an das Gericht und Deposita hat der Notar von Amtswegen nicht. Das könnte auch künftig so bleiben.

b) Die Notare würden, besorgt man, wenn sie von ihren Geschäften leben sollen, nicht selten von den Eingesessenen sehr entfernt wohnen müssen. — Dieses Bedenken dürfte wegfallen. Gegenwärtig müssen die Landleute auch bis in die nächste Stadt gehen, und mehr würde künftig gleichfalls nicht nöthig sein. In jedem Gerichts-Amtsbezirke würde wenigstens ein Notar anzustellen sein; es werden auch Zwei nöthig werden. Denn in einem Bezirk von 12—15 Tausend Einwohner kommen, nach einem ungefähren Ueberschlage, gewiß 1000 Acte jährlich vor. Man müßte durch Einziehung von Nachrichten aus verschiedenen Gegenden sich eine Uebersicht verschaffen. Es ist zu beachten, daß die Erbtheilungen zu den Notariatsgeschäften hinzutreten. Wenn also auf jedes Tausend Einwohner 1 Act kommt, so können zwei Notare in jedem Gerichts-Kommissions-Bezirk reichlich leben; sie haben sicherlich ebensoviel Einkommen als ein Mitglied des Bezirksgerichts, wohl noch mehr.

Man könnte fragen: ob die Fixirung der Besoldung der Notarien der Anweisung auf Gebühren nicht vorzuziehen sei? Nein! Die Menschen müssen einmal verbraucht werden wie sie sind. Besoldete Notarien werden in der Bedienung des Publikums bei weitem nicht so prompt und bereitwillig sein, als wenn sie die Gebühren beziehen. Außerdem hätte man wieder die Häkeleien und Schwierigkeit mit der Erhebung der Kosten für fiskalische Rechnung; jeder Notar müßte einen Rendanten haben und Rechnung legen u. s. w. Was aber die Hauptsache ist: besoldete Notarien würden heute eine Anomalie sein; das Notariat wäre ein Königliches Monopol, welches durch Königliche Kommissarien verwaltet würde.

Die Ueberweisung des Notariats an die Einzelnrichter hat noch ein Bedenken mehr gegen sich; sie würde das Notariat nicht allein zum Staatsmonopol machen, sondern auch die Trennung desselben von dem Richteramte auf die Zukunft verweisen, also die Forderungen der Zeit unbefriedigt lassen.

Aus diesen Gründen ist die Anstellung besonderer Notarien auf Gebühren eine unabweisbare Nothwendigkeit.

Völlig unzulässig aber ist die Vereinigung des Notariats mit der Advokatur. Nach der alten Verfassung freilich verstieß sie gegen kein staatsrechtliches Prinzip, im Gegentheil, der Justizkommissarius wie der Notarius waren Königl. Kommissarien, bloße Organe der zu beiden Geschäftsarten zugleich berufenen Staatsbehörde. Allein bei der veränderten Staatsverfassung sind beide Geschäftsarten mit einander unverträglich.

Nach dem Kisker'schen Projekt soll die Trennung nur bei den größeren Gerichten, nicht bei den kleineren stattfinden, obgleich „eine solche Trennung von vielen Seiten gewünscht ist, um dem Stande der Anwälte die ihm gebührende achtungswerthe Stellung zu verschaffen und Kollisionen hinsichtlich der notariellen, zum Theil der richterlichen Wirksamkeit angehörenden Geschäfte mit den Geschäften der eigentlichen Rechtsanwaltschaft zu beseitigen." Denn „sie läßt sich nur bei großen Gerichten zur Ausführung bringen, weil bei den Kleinern Anwälte und Notarien abgesondert nicht das erforderliche Einkommen haben würden." Dieser flache, die Sache gar nicht treffende Grund ist nicht einmal thatsächlich richtig, wie schon oben angedeutet worden ist. Zwar wissen wir nicht, wie viel Einkommen für erforderlich gehalten wird, aber das wissen wir, daß dasjenige Einkommen, welches man für einen Richter als vollkommen ausreichend ansieht, in das Einkommen eines Notars „bei den kleinern Gerichten" — muthmaßlich solchen, die zwischen 30= und 40,000 Einsassen haben — mehrfach aufgeht.

7) Durch Aufhebung der gerichtlichen Deposital=Verwaltung.

Die Kisker'schen Motive versprechen: „auch sollen Abänderungen und Vereinfachungen der Deposital=Verwaltung — durch nachfolgende besondere Gesetze eingeführt werden." Die absolutistisch=büreaukratische Grundlage soll also bleiben; der Staat will nach wie vor das Vermögen der Staatsbürger, zwangsweise, durch die Gerichte in Verwahrung und Verwaltung nehmen, und dies nur durch eine etwas zu verbessernde Geschäftsordnung etwas versüßen. Wir wiederholen nicht, was wir schon früher, an einem andern Orte, über die unpassende, unnatürliche Stellung gesagt haben, in welche die Gerichte, den Parteien gegenüber, durch das rein privatrechtliche Rechtsverhältniß des Depositums (Depositalkontrakts) gedrängt werden; die Einsassen schließen, m ü s s e n schließen mit ihrem eigenen Richter einen Verwahrungs= und Verwaltungskontrakt, er wird ihnen als Depositarius, als Lohn=Depositarius aufgezwungen, und doch haben sie gegen ihn, bei entstehender Uneinigkeit, nicht das ordentliche Rechtsmittel der actio depositi, sondern nun mengt sich ein Büreaukraten=Häuptling in diese rein privatrechtliche Streitsache und schlichtet sie unter dem Titel „von Aufsichtswegen" in einem völlig ungeordneten Verfahren durch Briefwechsel. Es ist keine Frage, daß bei der veränderten Staatsverfassung das büreaukratische Prinzip, wonach das privatrechtliche

Depositalwesen eine staatsrechtliche Natur haben soll, fallen, daß dieses privatrechtliche Verhältniß aus der Staatsverwaltung ausgeschieden werden muß. Die Verwahrung der Mündelgüter, soweit damit nicht der Vormund betraut werden kann, muß der Gemeinde überlassen werden, und die streitigen Sachen (die s. g. Judizial-Deposita) können bei uns ebensowohl, als bei andern civilisirten Nationen, ohne Verwickelung des Richters in das Verhältniß, sicher untergebracht werden. Dieserhalb nehme ich Bezug auf meinen Entwurf einer Civil-Prozeßordnung, Motive zu §. 990 u. flg. S. 454.

II. Die dem Grundsatze V entsprechende Einrichtung der Gerichte findet in sich selbst das Maaß für das nothwendige Personale und den angemessenen Umfang des Bezirkes; weder das Eine noch das Andere ist rein willkührlich, nach Einfall oder Laune, zu bestimmen.

In Ländern mit despotischer Verfassung haben die Richtersprüche überhaupt keine volle Geltung. Wenn auch die höchste Autorität die Unabänderlichkeit eines letzten Richterspruchs als Grundsatz ausspricht, so hindert das sie nicht, morgen in einem Specialfalle das Gegentheil zu thun. Darum ist die s. g. Kabinets-Justiz durchaus nicht verfassungswidrig in solchen Staaten; ja man hat dort von der Justiz so geringe Vorstellung, daß z. B. ein Gewalthaber (Militairbefehlshaber) nicht begreifen kann, warum der Ausspruch einer so geringfügigen, untergeordneten Person, wie ein Richter ist, nicht sollte unbeachtet bleiben oder durch ihn selbst nicht sollte aufgehoben oder abgeändert werden können. Dieser Vorstellung von der Justiz ist denn auch eine Gerichtseinrichtung entsprechend, bei welcher das letzte Prinzip der Verfassung mehr oder weniger Einfluß üben kann. In erster Instanz fehlt, genau betrachtet, eine rein richterliche Justizpflege ganz. Der Richter tritt gewissermaßen vermittelnd auf, bindet sich an Formen nicht so streng, an welchen es in Wahrheit auch fehlt, und urtheilt gewissermaßen ex aequo et bono, nach seinen eigenen Grundsätzen. Darum legt man so außerordentlich geringen Werth auf die Entscheidungen erster Instanz, darum sind die passendsten Gerichte erster Instanz die Einzelnrichter, d. h. Angestellte, welche die Justiz nebenher mit besorgen; die Kollegialgerichte, wie sie bei uns seit 1807 nach und nach entstanden sind, gehören eigentlich schon einer andern Staatsverfassung an.

In konstitutionellen Ländern hat die Justiz eine andere Bedeutung: da ist ein Richterspruch in letzter Instanz, auch wenn der Unterrichter in letzter Instanz gesprochen hat, ein unverletzliches, unabänderliches Gesetz, da fordert man hauptsächlich in erster Instanz einen gehörig geregelten, förmlichen Prozeßgang und eine streng richterliche Entscheidung von einem achtbaren Richterkollegium, da will man nicht erst, wie bei jenen Zuständen, bei den mit der höchsten Autorität schon mehr betrauten Appellationsgerichten einen Spruch von Rechtswegen erwarten, sondern da treten die Appellationsgerichte in die Reihe der gewöhnlichen Gerichte zurück und die Kraft der Justizverwaltung liegt in der ersten Instanz. So muß es auch bei uns werden, wenn die Gerichtseinrichtung den Grundsätzen der veränderten Staatsverfassung entsprechen soll.

Die Gerichte erster Instanz müssen alle die ganze Gerichtsbarkeit in Civil- und Kriminalsachen haben; in keiner Beziehung, auch namentlich nicht in Kriminalsachen, darf die Kraft eines Urtheils von der Gutheißung einer andern Autorität abhängig sein, wie es noch jetzt in s. g. Kapitalsachen der Fall ist. Es muß sonach die vollständige Verhandlung der Rechtssachen bei dem Gerichte erster Instanz möglich sein, d. h. der Kriminalgerichtshof oder das Schwurgericht muß bei jedem Gerichte erster Instanz ohne Schwierigkeit möglich sein. Weiter ist nothwendig, daß in solchen Strafrechtssachen, welche ohne Mitwirkung der Schwurgerichte — diese sollten überall mitwirken, wenn es ausführbar wäre — erledigt werden, das Verfahren vor dem Appellationsrichter, wenn man überhaupt nicht das Rechtsmittel der Appellation ganz abschneiden will, vollständig wiederholt werde. Das Appellationsgericht für diese Klasse von Strafrechtssachen muß in der Nähe sein, denn man kann mit den verhafteten Angeschuldigten nicht das Land nach den entfernten Civil-Appellationsgerichten durchziehen und die Zeugen nicht zu so weiten Reisen nöthigen wolleu; ohne die persönliche Anwesenheit dieser Personen aber würde das Verfahren aufhören, ein mündliches zu sein, wir hätten das alte schriftliche und geheime Verfahren in Protokollen, die Aussagen der Zeugen und Angeschuldigten gingen nach wie vor durch das Medium des Inquirenten zu den Ohren des Richters, und gerade in der letzten und entscheidenden Instanz würden die Hauptvortheile des mündlichen Verfahrens abgeschnitten, für etwas unwesentliches erklärt werden, wie es freilich leider! in der Verordnung vom 3. Januar d. J. in der That geschehen ist.

Hiermit ist die nothwendige Richterzahl gegeben. Jedes Gericht muß zur Verwaltung der Kriminal-Justiz für die erste Instanz 3, für die Appellation 5 Richter, und 1 Untersuchungsrichter haben.

Mit der Civiljustiz hat es hinsichtlich der Berufung in gewissen Sachen eine ähnliche Bewandniß. Eine große Menge von Sachen sind so unbedeutend, klar und einfach, oder auch dringend, daß sie sich zur Verhandlung in den Formen vor den Kollegialgerichten nicht eignen. Für diese Sache muß es eine außerordentliche Gerichtsbarkeit, so viel wie möglich an Ort und Stelle, geben. Damit haben wir das Prinzip der Handels- und Gewerbegerichte, der Bagatell- und Schuldsachen-Richter. Diese Einzelnrichter unterscheiden sich von den Richter-Kommissarien des Kisker'schen Planes wesentlich dadurch, daß sie eine eigene wirkliche Jurisdiktion haben, nicht Abgeordnete des ordentlichen Gerichts sind; von den bisherigen Einzelnrichtern unterscheiden sie sich sehr wesentlich dadurch, daß sie nur eine außerordentliche Gerichtsbarkeit haben. Es ist nützlich, aber nicht nothwendig, daß die Berufung von den Entscheidungen dieser Einzelnrichter nicht an das entfernte Appellationsgericht, sondern an das ordentliche Bezirksgericht gehe.

Dem ordentlichen Gerichte sind also alle strafrechtlichen Sachen und diejenigen Civilsachen, welche nicht zu einer außerordentlichen Gerichtsbarkeit gehören, zugewiesen. Danach läßt sich der geographische Umfang des Gerichtsbezirks für ein Kollegium von 9 Mitgliedern abmessen, die Willkühr ist dabei ausgeschlossen. Die Erfahrung bei den rheinischen Landgerichten geht uns dabei zur Hand; sie lehrt uns, daß die Zahl der Gerichtseinsassen nicht wohl unter 200,000 sein kann, wenn das Gericht beschäftigt und die Last des Schwurgerichts leidlich vertheilt sein soll. Größer, als nothwendig ist, darf der Gerichtsbezirk nicht sein, sonst wird das Gericht zu unbeweglich und die Justizverwaltung wieder schwerfällig. Nur die Rücksicht auf die geschichtliche und juristische Einheit gewisser Landestheile muß gelten; die Grafschaften oder Fürstenthümer, welche ein besonderes geschichtliches Dasein und eine eigenthümliche Rechtsbildung haben, dürfen nicht zerrissen werden.

Bei einem nach dem Bedürfnisse abgemessenen Gerichtsbezirke ist der Einwand zu großer Entfernung der Gerichtseinsassen von dem Sitze des Gerichts ganz unstatthaft. Diejenigen Civil-Rechtssachen, welche vor dem Gerichtskollegium zu verhandeln sind, erfordern die persönliche Gegenwart der Parteien nicht und sind auch nicht dringend; hinsichtlich derjenigen Sachen aber, welche die Nähe des Richters wünschenswerth machen, ist für das Bedürfniß weit mehr gesorgt, als es in der jetzt bestehenden Gerichtsverfassung der Fall ist und als der Kisker'sche Plan in Aussicht stellt.

Hiermit ist dargelegt, daß die ordentlichen Gerichte mit wenigstens 9 Mitgliedern, außer dem Staatsanwalte, besetzt, daß die Gerichtssprengel im Durchschnitte nicht leicht unter 200,000 Einsassen enthalten, und daß in diesem Sprengel an mehreren Orten Einzelnrichter mit einer außerordentlichen Gerichtsbarkeit für gewisse Sachen angesetzt werden müssen.

Die Appellationsgerichte dürfen, wie schon nachgewiesen ist, nicht ohne innern Grund die Zahl Eins in jeder Provinz übersteigen. Als innerer Grund könnte nur das Vorhandensein mehrerer Rechtsgebiete in derselben Provinz, groß genug, um ein achtunggebietendes Richterkollegium in jedem dieser Gebiete zu beschäftigen, gelten.

Für das ganze Land muß es Ein höchstes Gericht geben, welches Kassationshof ist. Die Revision ist ein schlechtes Rechtsmittel, sie macht das Kassationsmittel nicht unnöthig, im Gegentheil: die von dem höchsten Gerichtshofe in der Sache selbst gesprochenen Urtheile möchten noch in vielen Fällen der Kassation unterliegen, wenn das Rechtsmittel nicht versagt wäre. Es ist ein Grundfehler, daß der Gerichtshof, welcher einen Richterspruch vernichtet, nun selbst in der Sache ein Urtheil fällen soll, was jeder Anfechtung überhoben ist, so unpassend, sach- oder actenwidrig der Spruch auch ausgefallen sein mag. So lange aber die Revision nicht abgeschafft ist, und eine Allgemeine Prozeßordnung durch das ganze Land gilt, kann nicht das Ober-Tribunal der einzige höchste

Gerichtshof sein und der rheinische Kassationshof eine Abtheilung desselben werden, wie es die Verordnung vom 2. Januar d. J. vorschreibt. Die von dem Kassationshofe selbst schon kundgegebenen Gründe, die vom Rhein her mehrfachen Wiederhall gefunden haben, wiederholen wir nicht. Nur auf zweierlei machen wir hier aufmerksam, nämlich daß die von allen Seiten kräftigst zurückgewiesene Bestimmung über die fragliche Vereinigung, nach der Versicherung in den Motiven „eine **allerseits** gewünschte Bestimmung" ist, und daß man, nach den Aeußerungen der dienstbaren Organe des jetzigen Regiments zu urtheilen, wol davon abzugehen geneigt ist, offenbar nur, um das Interesse der rheinischen Abgeordneten bei der Berathung der Sache außer Spiel zu lassen.

Die Kosten für diese volksthümliche, d. h. verfassungsmäßige Gerichts-Einrichtung müssen weit weniger betragen, als der verfassungswidrige Plan des Herrn Kisker zu seiner Ausführung fordert, weil viel weniger Lokalitäten und viel weniger Directoren und Subaltern-Beamten erforderlich sind.

III. Das Prozeßverfahren muß in der That öffentlich und mündlich sein. Deshalb muß die alte Gerichtsordnung, soweit deren Vorschriften noch in Anwendung sind, sobald wie möglich abgeschafft und durch eine allgemeine Prozeßordnung definitiv ersetzt werden. Es macht unnöthige Unruhe und Störungen, ohne doch den mindesten Nutzen zu gewähren, wenn der Plan ausgeführt wird, in den ostrheinischen Theil der Rheinprovinz und in Neu-Vorpommern eine provisorische Prozeßordnung einzuführen. Diese sich einmal über das andere wiederholende Provisorien und Probeversuche richten das Land zu Grunde und bringen die Einwohner in Verzweiflung.

Statt mit Ernst an die entworfene neue Prozeßordnung zu gehen, was dem gegenwärtigen, wenigstens in der Justiz auf rein büreaukratischen Prinzipien beruhenden, und nach büreaukratischen Maximen verwaltenden, Regimente freilich naturwidrig ist, . sucht man durch die neue Verordnung vom 2. Januar d. J. das schriftliche Verfahren im Sinne der alten Gerichtsordnung und die bagatellmäßige Behandlung der Urtheile erster Instanz im Sinne der alten Despotie neu zu beleben. Dieses geschieht namentlich durch die Auffrischung des prozeßrechts- und verfassungswidrigen Rekursverfahrens. Dieses will man mit der Oeffentlichkeit herausputzen! Wie das möglich, würde als ein Räthsel aufgegeben werden können, da doch der ganze Rekurs nichts weiter ist als der einseitige Vortrag eines Decernenten aus den Acten, zur Beschlußfassung in dem Berathungszimmer, in welches die Parteien und das Publikum keinen Zutritt hat. Die Oeffentlichkeit besteht nun darin, „daß die Verkündigung der ergehenden Entscheidungen in öffentlicher Sitzung erfolgt." Dazu sagt Herr Kisker in seinen Motiven volltönend: Die Rekurssachen müssen „in Folge des durchgreifenden Grundsatzes der Oeffentlichkeit fortan ebenfalls in öffentlicher Gerichtssitzung abgeurtheilt werden." Die Aussprechung der in geheimer Berathung beschlossenen Entscheidung in einem andern unverschlossenen Zimmer wird uns als eine „Aburtheilung in öffentlicher Gerichtssitzung“ ausgegeben. Das soll öffentliche und mündliche Verhandlung sein!

II.

Die Patrimonialrichter.

Die Aufhebung jeder Art von Privatgerichtsbarkeit ist eine nach der veränderten Staatsverfassung sich ganz von selbst verstehende Sache, aber sie darf nicht mit willkührlichen Eingriffen in das Privateigenthum und mit Verletzung von Privatrechten verbunden werden.

Das geschieht aber durch die Verordnung vom 2. Januar 1849, sowohl in Beziehung auf Gerichtsherren als Gerichtshalter.

I. Die bisherigen Inhaber der Gerichtsbarkeit werden in ihrem Privateigenthum angegriffen und verletzt

1) dadurch, daß man sie zwingen will, die vorhandenen Geschäfts-Utensilien den Staats-Behörden umsonst zu übergeben. Die Depositalkasten und Schränke, die Actenspinde, die Schreibtische, die Bänke und Stühle in der Gerichtsstube, die Dintenfässer, Sandbüchsen, Scheeren, Messer und dergleichen sind das Privateigenthum der Gerichtsherren, sie kosten das Geld der Gerichtsherren. Als der Staat zur eigenen Bequemlichkeit diesen Privatpersonen die Ausübung obrigkeitlicher Rechte überließ, hat er ihnen die dazu erforderlichen Utensilien nicht mitgegeben; die Privilegirten mußten sich solche anschaffen. Wer jetzt diese obrigkeitlichen Rechte zurücknimmt, mag ein Gleiches thun, es ist wenigstens ganz und gar kein Rechtsgrund erfindbar, aus welchen die Inhaber der Gerichtsbarkeit es dulden müßten, daß man sie ihres Privateigenthums beraube.

2) dadurch, daß man ihnen willkürlich einen Theil der verdienten Sporteln wegnimmt, während sie doch die Richter und Beamten für die Sachen, wofür die Sporteln entrichtet werden, aus ihrer Tasche bezahlt haben. Denn es wird bestimmt: „die bis zum Tage des Ueberganges bereits liquidirten und zur Soll-Einnahme gestellten Sporteln verbleiben den zeitherigen Gerichtsherren —, während die noch nicht zur Soll-Einnahme gestellten Sporteln für Rechnung der Staatskasse liquidirt und eingezogen werden.“ Zur Rechtfertigung wird uns in den Motiven gesagt: „diese Grundsätze sind die zeither bei der freiwilligen Abtretung von Patrimonialgerichtsbarkeiten in der Praxis befolgten, und empfehlen sich durch Billigkeit wie durch Einfachheit der Ausführung.“ Nichts weniger! sie sind höchst unbillig, sogar ungerecht; es ist rein zufällig: ob am Tage des Ueberganges die verdienten und deshalb den Gerichtsherren von Rechtswegen zustehenden Sporteln bereits liquidirt und zur Soll-Einnahme gestellt sind, oder nicht; das hängt von dem Fleiße des Richters oder des Actuarius ab. Ueberhaupt können die den Geschäftsbetrieb betreffenden Ministerialvorschriften über das Kostenrechnungswesen, die für die Privatgerichte eigentlich nicht ein-

mal maßgebend sein sollten, auf Privatrechte des Gerichtsherren gar nicht wirken. Diese Vorschriften wollen nämlich, daß die Kosten erst nach Beendigung des ganzen Verfahrens liquidirt und zum Soll gebracht werden. Der materielle, das Verhältniß des Gerichts zur kostenpflichtigen Partei bestimmende, Rechtssatz lautet aber, daß der Extrahent die Kosten für jede von ihm veranlaßte richterliche Handlung sogleich zu entrichten schuldig. Diesen Rechtssatz kann ein Minister in Beziehung auf Privatgerichte nicht abändern. Der Unterschied ist der: Wenn z. B. ein Subhastationsverfahren bis zur Publikation des Zuschlagsbescheides gekommen wäre, und der Publikationstermin erst nach dem Tage des Ueberganges anstände; so würden die Kosten für das ganze Verfahren, außer den unbedeutenden Publikationsgebühren, verdient, ja es würden wahrscheinlich sehr bedeutende baare Auslagen für Porto, Insertionskosten und Stempel, von dem Gerichtsherren gemacht worden sein. Aber nach dem „sich durch Billichkeit empfehlenden" Grundsatze nimmt die ganzen Gebühren und Auslagen die Staatskasse für sich, weil sie noch nicht zur Soll-Einnahme gestellt sind. Das ist nicht recht. Das Recht will, daß die Gebühren und Auslagen für alle bis zum Tage des Ueberganges bereits vollzogenen Handlungen und Verfügungen dem bisherigen Gerichtsherren zukommen.

II. Den Patrimonialrichtern geht es größtentheils noch schlimmer.

Man hat diese Richter in vier Klassen gebracht.

1) Die bei den standesherrlichen Gerichten lebenslänglich angestellten Richter, deren Anstellungs-Verträge von der Oberbehörde unbedingt bestätigt sind. Diesen läßt man ihr Recht widerfahren: es soll ihnen dasjenige Einkommen gewährt werden, worauf sie zufolge ihrer Bestallungen Anspruch haben.

2) Andere Patrimonialrichter, welche gleichfalls unbedingt angestellt sind. Diese sollen im Staatsdienste mit demjenigen Einkommen wieder angestellt werden, welches ihnen nach Maaßgabe ihres Dienstalters und der Etats-Verhältnisse in der Reihe der übrigen Untergerichts-Justizbeamten bei den neu eingerichteten Justizbehörden gewährt werden kann. Wenn also bei den projektirten Kreisgerichten die dritte Stelle etwa 600 Thlr. — so hoch wird sie muthmaßlich doch wohl kommen! — hätte, und ein solcher Patrimonialrichter, der bis dahin 1000 Thlr. Einkommen gehabt hat, nach seinem Dienstalter auf diese dritte Stelle einrangirt würde, so hätte er fortan 400 Thlr. weniger. Das ist ein Kontrakts-Bruch. Der Staat, der bis dahin den von ihm Privilegirten die Ausübung obrigkeitlicher Rechte mit der ausdrücklichen Verpflichtung übertragen hat, die dazu erforderlichen Richter auf Lebenszeit und mit einer festen Besoldung anzustellen, tritt, indem er das Privilegium aufhebt und das Hoheitsrecht zurücknimmt, zugleich in die Stelle des bisherigen Trägers dieser Obrigkeit, activ und passiv, er muß daher das halten, was der bisherige Träger, durch den Staat selbst dazu gezwungen, hat versprechen müssen.

3) Diejenigen, deren Anstellungsvertrag unter dem Vorbehalte bestätigt ist, daß sie bei einer Vereinigung des betreffenden Gerichts mit einem Kreisgerichte oder bei Abtretung der Gerichtsbarkeit an den Staat sich dessen Aufhebung gefallen zu lassen, welche aber die dritte Staatsprüfung bestanden haben. Diese sollen ungefähr ebenso behandelt werden.

4) Alle übrigen Patrimonialrichter. Diese soll der Staat zu übernehmen nicht verpflichtet sein, und diese Lossprechung wird durch den Vorbehalt, womit die Oberlandesgerichte, natürlich auf Anweisung des Ministers, die Anstellungskontrakte bestätigt haben, gerechtfertigt. „Der Vorbehalt — belehren uns die Motive — schließt jeden Rechtsanspruch auf Wiederanstellung aus, und nur die Billigkeit erfordert, daß die Privat-Justiz-Beamten nach Möglichkeit und soweit ihre Qualifikation nicht entgegensteht, allmälig untergebracht werden. Das ist eine falsche Lehre. Der Vorbehalt ist null und nichtig, er ist pro non scripto zu halten. Die Dienstkontrakte sind lediglich zwischen dem Gerichtsherren einerseits und dem Richter andererseits geschlossen, und zwar, nach §. 99, II, 17. A. L. R. und den zahlreichen spätern Auslegungen, alle Mal selbstredend auf Lebenszeit. Kein Rechtsgrundsatz, kein Gesetz bestimmt, daß der Gerichtsherr dergestalt unter der Vormundschaft des Staats stehen solle, daß die Staatsbehörde den geschlossenen Kontrakt, namens des einen Theils, nämlich des Gerichtsherrn, gerade in einem der wesentlichsten Bestimmungen, abzuändern und noch dazu **einseitig**, durch willkührliche Zusätze abzuändern befugt sei. Die einseitige Abänderung nach vollendeter Schließung ist schon nach den allgemeinsten Rechtsgrundsätzen widersinnig; sie ist selbst widersinnig noch in den Grenzen der Traktate, denn jeder Antrag muß ganz und ohne Vorbehalt angenommen oder zurückgewiesen werden. Doch, wie gesagt, die Staatsbehörde hat gar kein Recht der Bestätigung in dem Sinne gehabt, daß davon die Rechtsgültigkeit des zwischen den Parteien geschlossenen Kontrakts abhängig wäre. Unsere bisherige Magna Charta, das A. L. R., sagt Th. II. Tit. 17.

§. 76. Wer seine Gerichtsbarbarkeit nicht selbst verwalten kann oder will, muß einen vom Staate zu dergleichen richterlichem Amte geprüften und tüchtig befundenen Gerichtshalter bestellen.

§. 77. Einem solchen Gerichtshalter muß die Verwaltung der Jurisdiction überhaupt durch eine ordentliche Bestallung aufgetragen und er nicht bloß in vorkommenden einzelnen Fällen gegen Diäten zugezogen werden.

§. 79. Jeder Gerichtsherr ist schuldig, dem Obergerichte der Provinz denjenigen, welchen er zum Gerichtshalter gewählt hat, anzuzeigen, und entweder die Tüchtigkeit desselben nach §. 76 nachzuweisen, oder ihn zu der erforderlichen Prüfung zu stellen.

Hiernach steht der aufsehenden Behörde weiter gar keine Befugniß zu, als den angenommenen Justitiarius wegen mangelnder Befähigung auszuschließen oder zu entfernen; sie kann nicht einmal die Einsicht des Kontrakts fordern, es sei denn zu dem Zwecke, sich zu überzeugen, daß der Richter gegen ein bestimmtes Gehalt und nicht auf Kündigung angenommen worden; sonst ist der Gerichtsherr nur schuldig, ihr den neuen Justitiar anzuzeigen. Von einer Bestätigung des Kontrakts ist gar keine Rede, noch viel weniger davon, daß der Kontrakt durch einen darunter gesetzten Vermerk der Aufsichtsbehörde in irgend einem Punkte wirksam soll abgeändert werden können. Die Kontrakte sind alle unbedingt abgeschlossen. Man hat sich eine s. g. Bestätigung derselben rechtsgrundsatzwidrig angemaßt; büreaukratische Willkühr hat sich auch hier Eingriffe in unbestreitbare Privatrechte erlaubt; es gab keinen Richter und kein Gericht, wo die Interessenten, die bisweilen auf das Unerträglichste bei ihrer Kontraktschließung gemaßregelt und gepeinigt wurden, hätten Schutz und Recht finden können. Aber wenn es nun zum Spruch vor dem Lande, vor den Vertretern des Volks kommen soll, so wird das Grundrecht aller civilisirten Völker auch Grundsatz unserer Staatsverfassung: daß das Eigenthum heilig und unverletzlich sei, doch eine Wahrheit werden. Darum dürfen die Patrimonialrichter vertrauen, daß ihr gutes Recht geachtet, daß ihr Eigenthum geschützt werden wird.

Die Motive zu den beliebten Vorschriften machen sich nur durch ihre handgreifliche Hinfälligkeit bemerkbar. Ueber die erdachte Klassificirung zuvörderst giebt es gar keinen Grund, den man hätte sagen können. Man hätte mit gleichem Anspruch auf Logik auch individualisiren können und sagen: A. solle übernommen werden und sein Einkommen behalten, B. solle vor die Thüre gesetzt werden u. s. w., je nach der Farbe der Haare oder der Länge der Nase. Die kundgegebenen Rechtfertigungsgründe lauten: „Es hat einerseits billige Rücksicht auf die Lage dieser Beamten genommen werden müssen." Rechtsverletzung heißt hier Billigkeit, in gleichem Sinne, wie das Ganze der projektirten Reform uns als eine „volksthümliche" angerühmt wird. „Andererseits," heißt es weiter, „haben aber auch die finanziellen Verhältnisse des Staats nothwendig in Betracht gezogen werden müssen." Dieser Grund wäre besser zurückgehalten worden, er weckt traurige Erinnerungen. Schlimm genug, daß das alte Regiment so gewirthschaftet hat, daß jetzt das Land darunter leiden muß. Hätte man der Richtung der Zeit ihren natürlichen Lauf gelassen, so würde heute die Aufhebung der Privatgerichtsbarkeit nicht so große Störungen machen und Geldopfer kosten. Die Inhaber solcher Gerichtsbarkeit kamen von selbst mit dem Gesuche um Zurücknahme der Concession; viele haben ihre Gerichtsbarkeit freiwillig abgetreten, und sehr viele, wohl die meisten, wären nach und nach noch gefolgt, es wäre so das Institut allmälig von selbst verschwunden; es hätte nur einer geringen Nachhülfe bedurft. Da erschien im Jahre 1830 der Befehl, daß die Anträge der Rittergutsbesitzer auf Abtretung der ihren Gütern zustehenden Patrimonialgerichtsbarkeit an den Staat bis auf weitere Bestimmung abgelehnt werden sollten. (Jahrb. Bd. XXXVI, S. 142.) Man drängte den ruhigen, natürlichen Lauf der Dinge gewaltsam rückwärts. Ist das ein Grund, jetzt unter dem unwiderstehlichen

Durchbruch der Strömung den Einzelnen unschuldig leiden zu lassen, so lange es nicht nöthig ist? Zur Ausführung von Maßregeln willkührlicher Gewalt ist Geld in Ueberschuß; zur Einführung volksthümlicher Einrichtungen fehlt es an den nothwendigsten Mitteln. — Die Motive schließen mit der Nachricht: „Nach ähnlichen Grundsätzen ist im Königreiche Sachsen verfahren worden (§. 32 des den Kammern dort vorgelegten und genehmigten Entwurfs)." Das ist eine Subreption, es ist verschwiegen, daß die Preußischen Gesetze, wonach die Anstellung auf Kündigung unzulässig ist, in Sachsen nicht gelten, daß mithin eine Berufung auf die Sächsischen Vorschläge völlig unzulässig ist. Wäre aber in Sachsen die lebenslängliche Anstellung gleichfalls Verfassungsgrundsatz gewesen, so würde auch gegen den sächsischen Entwurf zu sagen sein: das ist nicht recht. Die Rechtsverletzung des Einen macht die gleiche Rechtsverletzung des Andern niemals zur Rechtsbefugniß.

Zum Schlusse noch eine Bemerkung über die Unterbringung der Patrimonialrichter und der jetzt vorhandenen unbesoldeten Assessoren.

Wir haben jetzt etwa, mit Ausschluß der Rheinprovinz und der Provinz Posen:

34	Präsidenten,
341	Räthe und Assessoren bei den Obergerichten,
3	Staatsanwälte,
47	Inquisitoren,
249	Untergerichts-Direktoren,
1329	königliche Unterrichter,
1000	Justizkommissarien,
550	Privatrichter,
3553	zusammen, ohne die unbesoldeten Assessoren.

Wir werden bei der von uns vorgeschlagenen Justizorganisation ungefähr nöthig haben:

25	Appellationsgerichts-Präsidenten,
150	Appellations- und Tribunals-Räthe,
40	Anwälte bei den Obergerichten,
60	Landesgerichts-Präsidenten,
600	Mitglieder,
125	Staatsanwälte,
900	Einzelnrichter,
900	Advokaten,
900	Notarien,

3600 zusammen. Die vorhandenen Personen reichen also noch nicht aus. Für die unbesoldeten Assessoren entstehen überdies bedeutende Ausfälle 1) durch das Ausscheiden sehr Vieler, 2) durch die Verwendung sehr Vieler zu Hypothekenbuchführern und zu Obersekretairen. Und wenn auch keine besonderen Hypothekenbuchführer angestellt werden, so sind die für das Hypothekenwesen erforderlichen Kräfte doch erforderlich und durch Vergrößerung des Gerichtspersonals zu schaffen.

Nachtrag zur zweiten Auflage.

Man will die Dringlichkeit der Ausführung der beiden Verordnungen durch die Nothwendigkeit sofortiger Aufhebung der Patrimonialgerichte und des eximirten Gerichtsstandes rechtfertigen. Diese Nothwendigkeit ist gewiß vorhanden, sie drängt so gewaltig, daß kein Augenblick zu verlieren ist; ihr sollte längst abgeholfen sein, und man hat auch darüber schon im vorigen Sommer Entwürfe gemacht, die jedoch in Folge der im September eingetretenen Personalveränderungen gleichfalls bei Seite gelegt worden sind. Allein diese unabweisbare Nothwendigkeit bedingt schlechterdings nicht die totale provisorische Umwälzung der Gerichtsverfassung und die damit verbundene probeweise Umstürzung der Rechtszustände. Die Vortheile der Aufhebung der Privatgerichtsbarkeit und des eximirten Gerichtsstandes, sowie Einführung der Schwurgerichte, lassen sich, ohne jene tief einschneidenden materiellen Nachtheile, auf der Stelle erreichen, ein Gesetz von 2 oder 3 Paragraphen thut Alles; man verordne:

1) Der eximirte Gerichtsstand und die gesammte Privatgerichtsbarkeit ist für den ganzen Umfang der Monarchie aufgehoben; die einer solchen Gerichtsbarkeit bisher unterworfen gewesenen Personen und Sachen, welche innerhalb der geographischen Grenzen des Sprengels eines königl. Gerichts wohnen und beziehlich liegen, fallen von selbst unter die Gerichtsbarkeit dieses Gerichts; diejenigen der aufgehobenen Gerichtsbarkeiten, welche nicht innerhalb des Sprengels eines königl. Gerichts sich befinden, sind entweder einem der nächsten königl. Gerichte zuzuschlagen oder durch einstweilen zusammengesetzte Kollegialgerichte zu verwalten; die Ehesachen der Katholiken gehören vor das weltliche Ehegericht; die Consistorial- und Matrimonial-Sachen in Neuvorpommern gehen an die ordentlichen Gerichte, und die Ehesachen in den übrigen Landestheilen gehen an die nächsten Kollegialgerichte, welche der Justizminister für jeden Kreis bestimmt, über.

2) Die Kriminalgerichtsbarkeit wird einstweilen von den schon vorhandenen Kollegialgerichten, nach näherer Bestimmung des Justizministers, verwaltet; die Oberlandesgerichte fungiren bis auf Weiteres als Appellationsgerichte; wo schon ein Appellationsgericht ist, wird das Oberlandesgericht aufgehoben; die bei den Obergerichten zum Dienste nicht erforderlichen Mitglieder derselben werden anderweit im Justizdienste verwendet.

3) Der Staat tritt in die Dienstkontrakte, welche die Gerichtsherren mit solchen richterlichen und Subaltern-Beamten, die nur

für die Justizverwaltung, nicht aber auch zu andern Diensten angenommen worden sind, geschlossen haben, mit dem Vorbehalte, daß sich diese Beamten ihre anderweite Verwendung nach Befinden der Staatsbehörde gefallen lassen müssen; die bei der Uebergabe der Privatgerichte **verdienten** Gerichtsgebühren verbleiben den bisherigen Gerichtsherren.

Damit ist die Möglichkeit gegeben, die Justiz ohne Patrimonialgerichte und ohne eximirten Gerichtsstand, bis auf Weiteres, fortzuverwalten, auch das Schwurgericht sogleich einzuführen. Es soll durchaus nicht behauptet werden, daß das hier vorgeschlagene transitorische Gesetz nicht nach Fassung und Inhalt zu verbessern, oder zu erweitern wäre; die mehrseitige Berathung würde dieses Alles hervorbringen. Aber eine, auch neben der Verordnung vom 2. Januar erforderliche Bestimmung wäre jedenfalls noch zu treffen, nämlich in Beziehung auf Stralsund, wegen der dort eigenthümlichen Verfassung. Das Zweckmäßigste würde vielleicht sein, für alle diejenigen Sachen, in welchen das in Stralsund zu errichtende königl. Gericht in erster Instanz erkennt, das Hofgericht zu Greifswald, wenn das Appellationsgericht eingeht, oder umgekehrt das Letztere, wenn das Hofgericht aufgehoben wird, zum Appellationsgerichte zu machen. Die Bestimmungen, nach welchen die Appellation von den Erkenntnissen und Bescheiden des Raths zu Stralsund in gewissen Fällen bisher ausgeschlossen war, würden mit der Gerichtsbarkeit des Raths von selbst aufgehoben sein. Das Gleiche würde zwar auch rücksichtlich des von den allgemeinen Regeln abweichenden Appellationsverfahrens, welches in den zur Kompetenz des Hofgerichts gehörenden Stralsund'schen Sachen bisher stattgefunden hat, gelten, doch müßte an dessen Stelle ein anderes Appellationsverfahren gesetzt werden. Das Einfachste wäre, die Vorschriften der Hofgerichts-Ordnung einstweilen anzuwenden.

Mit einem solchen Provisorium würde dem dringendsten Bedürfnisse abgeholfen sein, bis die endgültige Gerichtseinrichtung getroffen werden könnte, woran man freilich ohne allen Verzug Hand zu legen hätte. Dazu braucht man nur zu wollen, man hat nichts weiter zu thun, als an Stelle der fraglichen beiden Verordnungen die längst fertigen Entwürfe vorzulegen. Aber man will nicht von den Prinzipien ablassen, auf welchen Jene ruhen; das ist der alleinige wahre Grund ihrer Durchsetzung, und die Anhänger sprechen nun nach: die Suspendirung sei eine Unmöglichkeit.

Gedruckt bei Trowitzsch und Sohn in Berlin, Oberwasserstr. 10.

www.ingramcontent.com/pod-product-compliance
Lightning Source LLC
LaVergne TN
LVHW091732021026
849161LV00003BB/574